John Hartley

Seets i' Lundun

John Hartley

Seets i' Lundun

ISBN/EAN: 9783337149000

Printed in Europe, USA, Canada, Australia, Japan

Cover: Foto ©ninafisch / pixelio.de

More available books at **www.hansebooks.com**

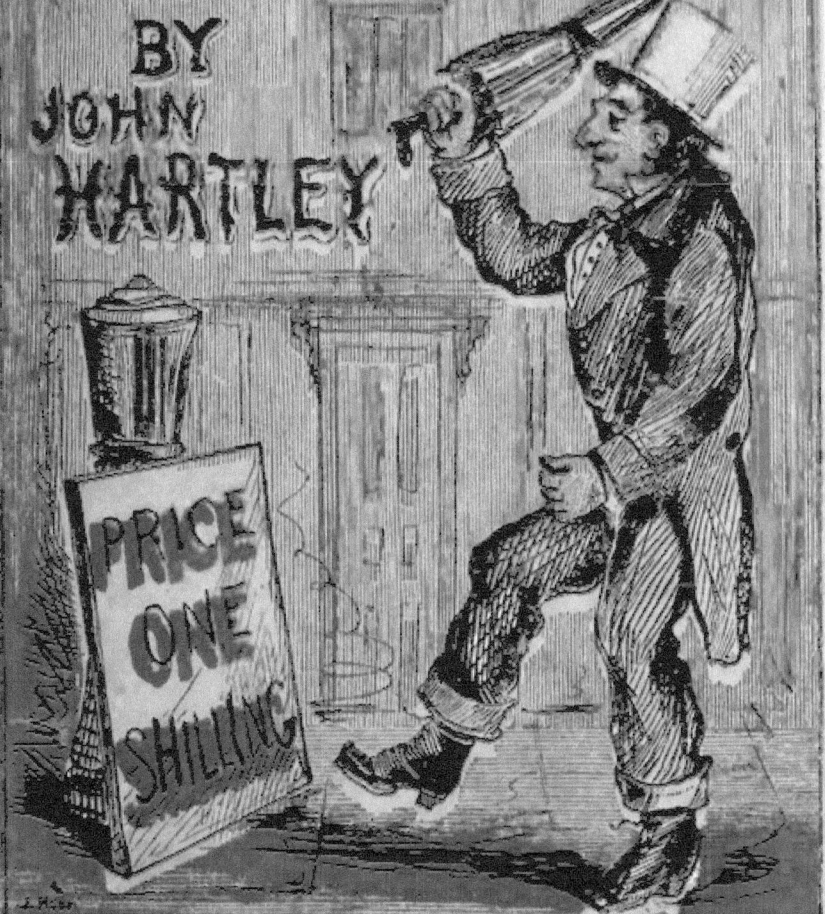

SEETS I' LUNDUN:

A

YORKSHIREMAN'S TEN DAYS' TRIP.

BY

John Hartley,

AUTHOR OF "YORKSHER PUDDIN'," "GRIMES'S TRIP TO AMERICA," "YORKSHIRE DITTIES," "CLOCK ALMANACK."

LONDON:
W NICHOLSON & SONS,
26, PATERNOSTER SQUARE, E.C.,
AND ALBION WORKS, WAKEFIELD.

The Copyright of this Book is entirely the property of
W. Nicholson and Sons, and no one will be allowed to print
any portion of it without their permission.

Preface.

AW DIP MI SKEWER I' TH' INKHORN TO WRITE WHAT FOLLERS, HOPING, FURST AN' FOREMOST, 'AT IT 'LL BE PROFITABLE TO ME; SECONDLY, 'AT IT 'LL BE PROFITABLE TO YE; AN' THIRDLY, 'AT IT WILLN'T HARM ONNYBODY.

DEDICATED

TO MY NEPHEW,

J T RILEY HARTLEY, Esq.,

Port Natal, South Africa,

WITH THE BEST WISHES OF

THE AUTHOR

May, 1876.

Seets I' Lundun.

INTRODUCTION.

"Middlin', thank ye. Hah're ye?"

FIRST DAY.

WHEN a workman has rolled up his sleeves an' teed on his appron, he feels ready to start; an' it's just th' same wi' me when aw've getten ovver th' preface an' th' introduction. Nah aw can begin, but aw s'all be like th' farmer's lad, 'at when he went to his drinkin' saw a whole cheese o' th' table, an' began roarin', for he sed he'd nivver be able to get through wi' it, an' aw'm feeard when aw've sed all aw hev to say it'll be varry little compared wi' what has been sed, an' next to nowt compared to what has been left unsed.

Lundun's a big shop, an' a gooid deeal may be seen i' ten days, an' aw think aw can say a word or two abaat some things 'at may interest if it doesn't instruct, an' them 'at dooan't agree wi' my views can fratch abaat 'em, an' that'll suit some on ye as weel an' may be better.

A Yorksherman i' Lundun is considered by a gooid monny to be as mich aght o' place as a bull in a china shop (aw've often wondered whose bull that wor), but aw find th' fowk 'at hold that nooation know varry little abaat Yorkshermen or else varry little abaat Lundun, for ther's nooa place wheer it's easier to settle daan an' feel at hooam, an' aw'm sure a Yorksherman can mak' hissen at hooam onnywheer if onnybody can.

When aw coom to this big an' bustlin' place, aw wor capt to find fowk heer 'at knew nooa moor abaat us nor we knew abaat them. They'd all heeard tell o' Yorksher puddin', Yorksher relish, Yorksher hams, an' Yorksher bites; but some on 'em could hardly believe aw wor a complete Yorksherman, becoss aw hadn't a horse in a helter. Aw met wi' some 'at tried to twit me a bit, an' aw dar' say they thowt thersen varry clivver; but whether it wor th' size o' mi neive or t' thickness o' mi shoe soil 'at prevented 'em sayin' mich aw cannot tell, but they smiled, an' passed on, an' behaved thersen quite as weel as ye could expect fowk to do 'at's been browt up sich a long way off.

When aw landed at King's Cross Station ther wor a bit o' bustle, but net hawf as mich noise an' thrustin' as ther' is at th' Lankysher an' Yorksher ov a Setterda' neet; sooa aw walked aght to hev a luk raand, an' th' furst thing aw saw wor a big clock in a steeple, an' thinks aw that's St. Paul's, but bethinkin' me 'at all th' picturs aw'd ivver seen on it had a top like a gurt beehive, aw thowt aw'd ax a policeman. "What do yo call that, maister?"

"It's a quarter past five," he sed.

"Aw can seea that, lumpheead, but aw want to knaw what they call th' place?"

"That's the Midland Railway Station."

"Oh, ay! Why it's ommost as hansum as ahr Taan Hall. But can ta tell me whear a chap lives 'at they call John Jones Smith?"

"Nay," he sed, "I doan't think I can. Does he live about here?"

"Why, tha needn't think aw should ax thee, if he wor livin' at Bowling or Pudsey. He lives somewhear abaat here, an' he's what yo call a retired gentleman. He saved a bit o' brass wi' woolsooartin', an' his wife kept a cadger's shop, an' sooa they've come here to live five or six year sin' Yo'll be sure to knaw him—he's rayther pockmarked, an' he squints a bit."

"What street does he live in?'

"Nay, aw can't tell. All aw know is, he lives i' Lundun, an' 'at he's a bit o' brass. Aw thowt onnybody'd knaw him.'

He laff'd, an' walked up to a lot o' cab chaps, an' aw could tell he wor tawkin' abaat me bi' th' way he yarked his heead, an' they stared at me an' laff'd whol they ommost choaked. Nah, aw've nowt agean onybody enjoyin' thersen, an' they wor welcome to laff as mich as they liked if aw could nobbut finnd Smith, but as aw could mak' nooa sense ov a lot o' grinnin' geese like them, aw wor just turnin' away when aw felt a hand o' mi shoulder, an' sumdy sed, "Mr. Grimes, I believe." Aw turned raand, an' aw should hardly ha' believed mi awn een if it hadn't been for his. But a chap 'at squints is easy to own, an' aw saw at once 'at it wor th' varry identical John Jones Smith 'at aw'd been axin' abaat, an' he'd comed to meet me.

Well, after shakkin' hands two or three times, he sed he wor glad to see me, an' aw'm sewer aw wor glad to see him; an' he sed, as aw'd been confined sooa long—— "Nay," aw sed, "it's nooan me, it's awr Mally ye meean, but shoo's dooin weel, an' th' little un's thrivin' like wood." Then he laff'd, an' sed he thowt aw should do wi' a drop o' summat after mi ride, an' that convinced me 'at he hadn't lost his natteral feelin's, an' 'at th' same heart wor becatin' under his white shirt as used to beeat under his checker brat, when aw'd seen him years afoor.

"As sooin as we'd swallow'd a pint o' fourpny, he said, "Let us make haste to catch the next train." "Nay, lad," aw sed, "aw'm nooan goin' back bi nah;

aw've come to stop a bit, an' aw'd rayther gooa to yore haase th' furst thing."

"That's where we are going, but we shall have to ride, it's too far to walk."

"Nay, net it! It's nooan too far for me. Aw've walked to Peel Park an' back ov a Sunda' mornin' monny a time, an' thowt nowt on it."

"That may be, Mr. Grimes, but now you are in London you must allow me to act as guide, and I'll do all I can to show you as much as possible during your stay."

"All serene," aw sed, an' let him leead th' way an' do as he liked, for he wor drest sooa nobby, an' he tawk'd sooa different to what he used to do, whol someha aw began to feel th' same as aw do when th' maister speyks to me at mi wark.

We hadn't gooan far when we come to a station, an' he bowt two tickets, an' we went daan a lot o' steps, an' he sed, "This is the underground railway."

"Well, if it's reight to yo it's reight to me, tho' aw nivver intended to be put under graand till after aw wor deead; but aw suppooas we shall come up ageean all safe; an' if net, awr Mally can draw ten paand off th' club. But, aw say Smith, does ta think that box o' mine 'll be all reight?"

"What box?"

"Why, tha doesn't think aw've come to Lundun wi' mi fingers i' mi maath, does ta? Aw put a box in th' train at Bradford ommost as big as a shut-up bed; an' ther's as mich bacon an' bacca as 'll fit us booath all th' time aw stop."

"If that's the case we must return at once," he sed, "or it may be lost. Come along."

"Oh, yo needn't hurry, for it's mi name on. It'll nooan be lost, for a mate o' mine painted th' York-sherman's coat-o'-arms on it, an' he sed if onny Lun-duner saw that Flea-an-a-fly-an-a-flitch-o'-bacon, they'd nooan mell on it."

When we gat back, theer it wor liggin' o' th' platform, an' three poorters lookin' at it as if it had been an infernal machine.

"Is that it?" sed Smith.

"That's it, an' a tidy weight it is."

"Then we must have a cab," he sed; an' he put up his finger, an' a chap coom an' seized howd on it an' lifted it on th' top o' th' dickey as easily as if it had been a cigar-box.

"By gow!" aw sed, "but he'd mak' a rare beeam hugger."

In we gat, an' wor sooin whirlin' away as if we wor off to a fire, an' cabs an' busses an' carriages rolled past at sich a rate, an' sooa monny on 'em whol aw sed to Smith, "It must be th' market daa!"

"Every day is market day here except Sunday."

'Well, aw nivver saw sich a lot i' mi life! Aw wonder ha monny cabs ther' is i' Lundun?"

"Nearly four thousand," sed Smith.

"Four thaasand! Nay fer sewer! An' ha monny busses?"

"About fourteen hundred, and it is supposed there are fifty thousand horses employed in London every day."

"Fifty thaasand! Well, it's cappin'! But ha fur is yore haase off yet, for aw begin to feel rayther peckish, for aw've had nowt to eyt sin' mornin', except a rhubarb pasty, an' a bit o' beef an' breead."

"Here it is," he sed, as th' cab pooled up; an' aght we gat at a door in a row o' varry fine-lewkin' haases, an' if t'winda had been a bit cleeaner an' th' doorstuns scaared it wodn't ha looked amiss. But, hahivver, it wor all nice an' comfortable inside, an' when aw'd getten set daan anent a piece o' rost beef, an' swallowed five or six slices o' breead an' butter, swilled daan wi' two or three cups o' hot teah, aw couldn't help thinkin', 'at although aw'd come a long way, it isn't allus 'at th' farther yo gooa an' th' war yo fare.

"I suppose you feel tired," sed Mistress Smith (a varry nice body shoo is too; he let on her at Haworth, aw'm tell'd—they say it's a famous place for nice young wimmen, but aw wor wed afoor aw heeard on it, an' awr Mally's allus been ageean me gooin' ivver sin).

"Well, mistress, aw *am* rayther tired, but that mak's varry little difference, for aw believe aw wor born tired; but what is it yore Smith meeans to do? Are we to cahr i' th' haase all th' neet, or what?"

Just then aw chonced to see Smith's nooas off th' side o' th' door, an' he shook his heead an' winked, as mich as to say, "Keep squat," an' then drawin' daan th' corners ov his maath, an' lookin' as sanctimonious as a suckin' duck, he sed, "My dear, I was thinking of taking Mr. Grimes out this evening to have a look at the shops and the rows of lamps. Some of the streets look really beautiful when lighted up."

"That will do nicely for to-night," shoo sed, "and if you are ready I can get my bonnet on in a minute."

"But really, my dear," sed Smith, "I do not think it fit for you to be out in the night air. You know how delicate you are, and I'm much inclined to think we shall have a fog to-night. I'm sure we can manage very well without you, my love, and Mr. Grimes will excuse you, won't you, Grimes?"

"Ay, an' welcome! Aw'm sewer we can do better withaat her; aw'm nooa advocate for women bein' aght ov a neet, an' specially when they're delicate, as ye say; tho' shoo doesn't look to ail mich. Ha mich might yo weigh, Mistress Smith? Aw fancy yo'll just be abaat th' same weight as ahr Mally; yo're limbed a bit like her, tho' yo're net soa staat; but then you havn't lived as long, may be. Aw should tak' yo to be abaat forty-two, but Mally's turned fifty."

Shoo didn't speyk, but shoo looked varry glum, an' as Smith shook his heead at me, aw thowt aw'd varry likely guessed her at moor nor shoo wor, soa aw tried to patch it up a bit wi' sayin', "May be yo're net soa owd; yo mayn't be aboon thirty for owt aw know; aw wer judgin' bi yer luks, but some fowks begin to get wizzen'd at twenty-five."

Smith mooationed me to follow him; sooa aw tuk mi hat an' we went aght.

"I thought we'd just look in at Cremorne to-night, as it's close at hand, unless you have some objections," sed Smith.

"It's reight to me whether it's cream horn or milk horn if ther's owt gooin' on."

"Ther's sure to be something to see. Here we are; one shilling each."

"Thee pay, Smith, an' aw'l settle i' th' mornin' Aw've nowt less nor hauf a soverin, an' aw've moor sense nor to let onny Lundun sharpers see me get it changed."

In we went, an' it fair capt me! It wor as grand as a pantomime! Gas leets bi hundreds, an' all th' trees looked ommost swayed daan wi' blue an' red an' yellow apples, an' ivvery one had a leet in. Ther' wor rows o' little summer haases wi' seeats an' tables, an' a leet at th' far end o' ivvery one 'at dazzled yer een as yo went past whol yo couldn't see whether ther' wor onnybody in or net. Ther' wor swing booats an' flyin' horses, an' a shooitin' gallery, an' a place wheer yo could have yer planets ruled, an' a raand wooden stage as big as a circus, an' monny a thaasand gas jets raand it, an' i' th' middle stood a big raand thing like a pepper box, wi' a lot mooar leets an' a band o' mewsic at th' top, an' as they struck up an' aw wor stood gapin' at 'em, a chap coom joss ageean me an' ommost knocked me daan, but one o' th' tother side knocked me straight ageean. Mi hat flew off, an' whol aw wor grooapin' for it a young caanter-lowper an' his young woman tummeld ovver me, an' another couple ovver them, an' i' less nor a minnit ther' wor sich a lot piled up 'at aw thowt if it worn't rainin' cats an' dogs it must be rainin' puppies an' kitlins. An' some on 'em wor varry solid too, an' although aw'd a nooation 'at aw wor someway responsible for it all, yet aw hadn't bargained for sich a weight o' responsibility as that.

As sooin as aw gate up aw wor seized bi two young chaps i' scarlet jackets, an' bundled off th' stage befoor aw could say "Jack Robinson," an' what they'd ha' done aw dooan't know, but as aw'd lost booath mi hat an' mi temper aw let one on 'em feel t'weight o' mi neive, an' whol he wor sammin' hissen up t' other sat daan all ov a sudden, an' aw teld 'em 'at if aw wor too old for sarvice aw warn't too owd to leather them two. Aw wor just squarin' up at 'em when Smith seized me bi t'arm, an' gave me mi hat an' took me away. Aw worn't in a varry gooid humour, an' it didn't improve me onny when aw knew Smith wor laffin fit to split.

"What's th' matter wi' thee," aw sed. "Hes ta nooa moor sense? Does ta think it worn't enuff to be ommost squeezed to deeath, but aw mun be marched off wi' a press gang? But they'd better luk aght, for they'll find Yorksher's gam' to th' backbooan, an' if aw've been tummeld on aw'm not gooin' to be trodden on."

"It's all over now, Grimes; it was simply a mistake on your part. Now, see how they are dancing."

An' a grand seet it wor. Ther' must ha' been hundreds on 'em spinnin' raand to th' mewsic o' that band. An' happy they luk'd! An' ha grand they wor dressed! After lukkin' at 'em for a bit we walked away, an' ivvery turn we tuk aw saw summat aw thowt moor beautiful. Fountains splashin' an' sparklin', statties peepin aght between trees or standin' i' rows daan each side o' th' walks holdin' lamps, an' here an' theer seeats where couples sat, lukkin' as if nawther lamps nor mewsic wor owt to them, an' all they wanted wor to be left alooan; an' aw couldn't help thinkin' ha different coortin' wor carried on when me an' Mally used to talk wrang-heeaded fooilishness caared in a steel-hoil, wi' noa lamps but

B

th' mooin, an' nooa mewsic but a corn-crake. An' as aw blew mi bit o' 'bacca, aw wished 'em all as happy a endin' as they seemed to have a beginnin' But aw'd moor to leearn befoor th' neet wor aght.

In a bit another band struck up, an' coom marchin' past, an' we follered it till it stopt i' th' front ov a grand theayter, painted blue an' white. "Come on," sed Smith; an' in we went. Th' curtain wor rolled up, th' mewsic started, an' in coom a lot o' men an' wimmen drest to luk as if they'd nowt on, an' they began their antics, an' aw've nooa daat they wor varry clivver; but aw wor far moor takken up wi' th' audience. They wor ommost all wimmen, an' aw thowt aw'd nivver seen so monny so bonny at one time befooar, an' aw couldn't help sayin' sooa to Smith.

"Yes," he sed, "some are very beautiful, but it's a sad thing to know that they mostly belong to that class called 'unfortunates,' and are here as much for the purpose of showing themselves as the actors on the stage."

"It's ten thaasand pities if it's true," aw sed; but surely them two bonny lasses 'at's sittin' theer must be innocent yet. At any rate we'll hooap sooa."

Aw didn't feel just as comfortable after that, an' when we'd had another stroll raand, an' seen nearly all ther wor to be seen, aw sed, "Let's gooa! Tha knaws thi wife 'll be sittin' up, an' tha'll catch it if we're lat."

"As well be hung for a sheep as a lamb," he sed, "we can sit down here and find plenty to entertain us in watching people pass."

Sooa we sat daan an' watched 'em. Some young, some old, some little, some big, but all drest as if they could get brass bi wishin' for it. Aw nooaticed one—just such a one as onny fayther 'ud feel praad on—fair as a lily, an' seemin' as neat an' modest as could be. Shoo wor bi hersen, an' shoo passed two or three times, an' each time lukkin' at us as if shoo wanted to say summat. Some came past i' twos an' threes, talkin' an' laffin' as if they wor varry happy, but someha the'r laffs seemed to snap off i' th' middle. Some wor mated, an' arm i' arm wor marchin' i' time to th' mewsic. Nah an' then a policeman walked past wi' his een shut, an' as justice hersen is blind aw suppooas that's th' proper thing for them to do. Then ther' wor a noise a way off, an' ivverybody seemed hurryin' to see what it wor, an' ov coorse we went too. Ther' wor a craad o' fowk in a ring, but aw elbowed mi way to th' front row, an' it wor a strange seet. Two wimmin wor stood anent one another pantin' for breeath. Ther een seemed to blaze. Ther hats wor off, an' ther hair flyin' lowse. Ther clooas wor all rumpled an' messed, an' one on 'em had blooid runnin' daan her cheek. They flew at one another like two cats, scratchin' an' bitin' an' rivin' ther hair, an' them 'at stood raand wor cheerin' 'em on, cryin', "Give it her, Polly," "Spoil her face for her, Laura." Aw couldn't stand an' see that, sooa aw seized 'em to pairt 'em, an' just at that minnit a policeman coom an' ordered 'em off, an' as aw luk'd at 'em aw saw they wor th' same two at aw'd seen i' th' theayter, an' th' craad squandered agean, cryin' shame o' th' police for net lettin' 'em have it aght. To them it wor evidently th' best pairt o' th' show. Ther' wor nooa sympathy, nooa sorrow, an' nooa disgust.

This sickened me, an' aw luk'd raand an' wondered if this could be th' same place 'at hed charmed me sooa befoor. Th' coloured lamps wor nearly all aght, th' mewsicianers hed gooan hooam, drucken men, an' war still, drucken wimmin, wor staggerin' along, one lot singin' a revival hymn. Aw could stand it nooa longer, sooa we went aght, an' fun another craad followin' two policemen 'at wor draggin' a drucken woman, who wor cursin' an' swearin' as aw nivver heeard one curse an' swear befoor. Aw could hardly believe it wor that modest-lukkin' lass 'at had passed us as we sat, but it wor. We wor glad to point our tooas towards hooam, feelin' sadder, if net wiser men.

After a bit o' supper, Mistress Smith went to bed lukkin' as faal as she cud.

"You see," sed Smith, "that's hardly the place for respectable women."

"That's true," aw sed, "nor for respectable men nawther. Aw've had enuff o' that spot; but where are we to gooa to-morn?"

"To-morrow, all being well, we will visit the Houses of Parliament, Westminster Abbey, and the New Aquarium."

"If we've all that to do it's time we went to bed."

When all alone aw couldn't get rid o' th' thowts o' that young lass, an' aw jotted 'em daan—

> In a cell, cold and damp, lay a maiden,
>   Her garments bedrabbled and torn,
> Her breath with the fumes of drink laden,
>   Her appearance all lost and forlorn.
>
> Was it drink caused her sad degradation?
>   Or degraded, seeks she to forget,
> In the fiend that lures on to damnation,
>   Any virtue that clings to her yet?
>
> Limp and listless, in stupified slumber,
>   That frail one, so youthful and fair,
> Adds one more to swell the sad number,
>   Who sow sin and reap bitter despair.
>
> Does a fond mother wait her returning,
>   To that home whose chief light was her charms?
> Is the heart of a father still yearning,
>   For the dear one to fly to his arms?
>
> Is there none to breathe kind admonition
>   To one who has strayed from the fold?
> None to pity her fallen condition?
>   No ear where her griefs may be told?

There is One—and I know of no other—
  Who ever is waiting to bless,
Who is kinder than father or mother,
  And who hears every cry of distress.

To Him and His mercy we leave her,
  Till she turns to behold that He stands
With arms open wide to receive her;
  God help her; she's safe in Thy hands.

Second Day.

WHEN ye goa to bed, knowin' ther's a woman i' th' haase i' a bad temper, yer varry glad 'at ther's a bed to gooa to; but when ye wakken i' a mornin' yer apt to wonder if shoo's slept it off; for it's th' same wi' bad tempers as it is wi' bad drink, for if a chap has ta'en too mich an' gooas to bed an' sleeps it all off, he's able to get up an' start ov his wark, but if he wakkens pairt fresh, he's pratty sure to mak' a bigger fooil ov hissen th' second day nor he did th' furst.

Aw felt varry anxious to knaw what sooart ov a temper Mistress Smith had getten up in, for aw've lived long eniff to knaw 'at if th' mistress is all reight it doesn't matter abaat th' maister. It didn't tak' me long to get weshed an' donned, an' as aw wer' gooin' daan stairs aw met her, lewkin' as breet as a bell an' as cheerful as a lark; an' Smith wer sat anent th' fire readin' a newspaper, an' th' breykfast wor ready, an' all lewked sooa cozy an' comfortable 'at it put me into a gooid humour for a start. After two or three "gooid mornings," an' as mich axin' abaat th' state o' mi health as if they hadn't seen me for a twelve month; an' after tellin' Mistress Smith aboon a duzzen times 'at aw'd slept like a stooan (an' even then shoo sed shoo wor feard aw hadn't), we sat daan an' tried to see who could put th' mooast gooid stuff aght o' seet.

As sooin as t' breykfast wor ovver, Smith says, 'Here's a letter for you, Mr. Grimes."

"For me! Ther' must be some mistak'," aw sed, but aw luk'd at it, an' thear it wor, plain enuff, "Sammywell Grimes." Aw oppened it an' read it, an' here it is—

"DEAR SAMMY.—I write thease few lines hopin' yo are safe at Joneses as this leaves me at present be sure to tak care of that silk Kerchy and Keep off bad company an thi feet dry for awr watter pipe has brussen an t' miln clock is ten minnits lat an awr Hepsaba as just come in wi a pair of new clogs an her tother wanted nowt but spetching soa tha sees what trubbles aw have no moor at present. varry lonely MALLY GRIMES excuse miss steaks. P.S. Aw hope thall remember tha't a wed chap an fayther of a family an behave thisen accordin tha knaws what aw mean."

"Well, it's varry sooin for letters to start comin', for it isn't fower-an'-twenty haars sin' aw left hooam; but aw suppooas shoo feels lonely, for we've nivver been pairted sin' th' parson joined us, an' that's twenty year sin' "

Smith sed he'd someweer to gooa, an' aw'd to get a pipe wol he coom back, an' he wodn't be long, sooa aw sat daan for a quiet smoke, all to misen, an' aw couldn't help lukkin' at Mally's letter. Shoo isn't mich of a scollar, an' nivver wor, but it wor eeasy to see 'at th' hand 'at had written it had tremmel'd a gooid bit moor nor it used to do, but it's to be expected, for shoo's older nah nor shoo wor once. But shoo's been a gooid wife to me, takkin' her altogether, an' aw dooan't knaw what some on us 'ud do withaat 'em even if they do get cross sometimes.

> Who is it, when one starts for th' day,
> A cheerin' word is apt to say,
> 'At sends ye leeter on yer way?
> > A wife.
>
> An' who, when th' wark is done at neet,
> Sits harknin' for yer clogs i' th' street,
> An' sets warm slippers for yer feet?
> > A wife.
>
> An' who, when ye go weary in,
> Bids th' childer mak' a little din,
> An' smiles throo th' top o' th' heead to th' chin?
> > A wife.
>
> An' who, when trubbled, vext an' tried,
> Comes creepin' softly to yer side,
> An' soothes a grief 'at's hard to hide?
> > A wife
>
> An' when yer ommost driven mad,
> Who quiets ye daan an' calls ye "lad,"
> An' shows ye things are nooan so bad?
> > A wife.

Who nivver once forgets that day
When ye've to draw yer bit o' pay,
But comes to meet ye hauf o' th' way?
                              A wife.

Who is it, when ye homeward crawl,
Tak's all ye have an' thinks it small;
Twice caants it, an' says, "Is this all?"
                              A wife.

Aw'd just getten sooa far when Smith coom in an' tell'd me to lewk sharp, an' get ready for off.

'But isn't th' mistress gooin' this mornin'?"

"No; I've arranged all that," he sed.

"Well, aw hooap tha's done it peaceably. Hah hes ta managed it?"

"I've just been out and bought her a new dress-piece, and she will never rest now until she has made it, and it's sure to occupy her a week; so we have no more to fear from that quarter."

"Tha'rt nooan as big a fooil as tha luks, Smith. Nah, aw'm ready."

A short walk browt us to Chelsea Pier, an' fourpence paid for two tickets to Westminster Bridge; we stept on th' boat; it gave a grunt or two an' started, an' grand it wor. Th' sun wor shinin' an' th' wind wor as warm as if it wor spring, an' th' grass an' plants i' fowk's gardens luk'd sooa green an' cheerful wol aw could hardly believe it wor nobbut a month past Kursmiss. Aw shall nivver forget that ride as long as aw live. We hadn't gooan far when we coom to a bridge, an' aw wor wonderin' hah we wer' gooin' to get under that arch, for aw felt sewer ther worn't room, when all at once aw saw th' danger an' aw shaated aght, "Heigh up! Th' chimly's tumlin'!" an' aw pooled Smith aght o' th' gate wi' sich a foorce 'at he ommost fell ovver th' side. But as sooin as we'd getten throo under, th' chimly reared itsen up agean as if it wer' nowt th' war. Aw saw aw'd made a mistak', but aw didn't see ther' wor owt particlar for fowk to laff at, but Lunduners are th' eeasiest fowk to pleease aw ivver met i' mi life, for they did nowt but snigger an' giggle all th' rest o' th' way. A'a, but it wor a treat! Little booats an' big uns, some full o' coils an' some piled wi' hay, an' some puffin' an' churnin' past filled wi' fowk; trees, an' towers, an' spires, an' palaces, an' warehaases, an' nah an' then a few old haases 'at luk'd as if they wor nobbut waitin' for a dark neet to commit suicide, wi' bridges an' stoppin' places ivvery few minnits. Smith kept a gooid distance off, an' aw had to shaat to mak' him yer. "Is this watter warm, Smith?" He coom cloise up to me in a minnit, an' he sed, "No, how can it be warm, you ought to know better!"

"Why, it luks to me to be sweeatin'"

"Oh, that's only a little mist; but turn round and look: yonder are the Houses of Parliament and Westminster Bridge."

An' aw did luk, wi' all th' een i' mi heead, an' aw'm sorry to have to say it, but it's true—ther's nowt like it nawther i' Bradford nor Saltaire.

"Does ta knaw which is Fo'ster's bed-raam? but aw reckon we can finnd it when we get inside. He knaws me, an' he'll be rare an' fain to see me if he's at hooam. Ther's nooa wonder on 'em puttin' on airs after livin' i' sich a place as that.

"Members of Parliament do not live there," sed Smith; "It's where they meet to do business."

Th' booat stopt, an' off we gat, an' Smith axed me how I felt. "Oh, aw feel all reight enuff. Did ta expect aw should be seea sick? Wha, aw could ride abaat i' one o' them things all th' day."

"I was thinking that you might require some refreshment."

"Well, aw'm nawther hungry nor dry, but aw sooin can be if ther's owt gooid stirrin'"

We went into a little corner place an' Smith called for a pot ov stout, 'an handed it to me. It was just like suppin' milk, an' aw'm feeared Smith gate nobbut a poor share. Then we walked raand to have a luk at th' Parliament haases, an' th' moor aw saw an' th' moor aw gate muddled. "Nah, Smith," aw sed, "if tha knaws owt abaat this place tell me, sooa as aw can tell ahr Mally."

"You can get all particulars in a guide to London," he sed, " but I may just say that it covers nearly eight acres, has 1,100 rooms, 100 staircases, and more than two miles of corridors, and it cost upwards of two million pounds.

"An' wor as cheap as muck at that price, aw should think, an' it must cost summat to keep it i' order, an' finnd coils an' leet."

"It is warmed by sixteen miles of steam-pipes, and the gas for the year costs nearly £4,000. The height of the clock tower is 320 feet, and the dials are thirty feet in diameter, and the bell weighs eight tons. The Victoria tower is 340 feet in height."

"Well it's cappin'" aw sed, "but aw've stared at it wol aw've getten a stiff neck. Ha much is it to gooa in?"

"It costs nothing, we have only to ask in this little office."

He went in, an' aw felt sooary aw hadn't tell'd him to mention my name, an' 'at aw knew Ripley an' Miall an' ivver sooa monny moor, but, ha' ivver, it didn't matter, for he coom back wi' a order, an' we went in. Aw dooant think aw ivver felt as little i' mi life as aw did when we went into that place, an' ye needn't think aw'm baan to tell ye what aw saw, for its just one o' them things 'at's better to be seen wi' yer awn een nor throo onnybody else's spectacles. Tak' my advice an' see it yersen th' furst chonce ye get, for aw saw enuff to satisfy me, if Lundun had nowt else in it to lewk at. When we com' aght aw felt as tired as if aw'd been workin' ovver-time for a wick. Aw thowt another bit o' bacca wodn't be amiss after that, sooa aw had a wiff or two wol we lewked at th' statties 'at stud aghtside. Ther' wor one statty lapt up in a sheet, an' some chaps workin' raand abaat it, sooa aw ax'd one on 'em whose moniment it wor, an' he sed, " Lord Pam," sooa aw droppt mi hat in a minnit, an' started to give three cheers; but Smith sed ther' wor a police comin', sooa aw shut up, an he spaik t' truth. Aw believe th' chaps thowt aw wor wreng i' mi heead, an' aw fancy ahr Mally wor abaat reight when shoo sed 'at onnybody 'at didn't knaw me wod think me a fooil, an' onnybody 'at did wod be sure on it. But aw couldn't do but spaat a bit, sooa aw says:—

> "Reight glad aw am,
> To finnd, Old Pam,
> Thy statty wheear it's placed;
> Tho' if it be
> To honour thee
> It's surely but a waste.
>
> For through thy life,
> In peace or strife,
> Did friends or foes conspire;
> The British flag
> They failed to drag,
> Or trample in the mire.
>
> 'Neath it nooa slave
> Did ivver crave
> For liberty in vain.
> May we like thee,
> As jealous be
> To keep it free from stain.

> Thy deeds when here
> Have made thee dear
> To ivvery Englishman !
> An' grateful hearts
> Mooar fame imparts
> Nor bronze an' granite can."

After that we went to luk at Westminster Abbey, an' aw dooant think it matters what day i' th' week it may be, it's sure to feel like Sunda' as sooin as ye get in theear, an' onnybody 'at could laff or tawk nonsense theear could mak' fun ov a funeral. It seemed to me as if ivvery stooan an' piece o' carved oak, an ivvery tattered banner could preytch a sarmon, an' aw think 'at even a walk through sich a place mak's a chap feel better. But Smith warned me 'at time wor gettin' on, an' ther' wor a deeal mooar to see afooar th' day wor aght. "Well, aw dooant want to see ivverything i' a couple o' days," aw sed, "aw've aboon a wick to stop; let's tak' us time."

"You cannot see what is to be seen in London in a year," he sed, an', although aw didn't like leavin' it, aw wor fooarced ta follow him.

"Now we will visit the Aquarium: that's the new building over there: that will ost one shilling each."

"Well, a bob isn't mich if ther's owt to see? but tha knaws aw nivver leearnt to swim, Smith, an' aw dooant knaw what sooart ov a hand aw sall mak' on it."

"There's no swimming required," he sed, sooa we walked in' an' aw wor some time befoor aw could believe aw wor i' th' land o' th' livin'   Nah, ahr Ike has a 'quarium, as he calls it, wheear he keeps one gold fish and two bullheeads, an' aw thowt aw wor gooin' to see summat o' th' same sooart, nobbut a bit bigger; but aw wor capt to finnd a big bildin' summat like a covered-in railway station, nobbut a deeal bigger an' grander, an' trees an' flaars wor growin' an' faantans playin', an' a gallery all raand, wi' hundreds o' pictures, an' scoors o' statties. If ahr Mally had seen some on 'em shoo'd ha' sed they owt to be 'shamed o' thersen. An ther' wor a band o' mewsic as big as all th' Bradford bands put together, an' th' Black Dyke thrawn in. "But wheear's th' 'quarium, Smith?"

"This is the Aquarium."

"But ahr Ike's 'quarium is full o' watter," aw sed.

"The tanks are not stocked yet," he sed, "but here they are, all down this side:" an' he showed me a lot o' what aw tewk to be plate-glass shop winders, wheer they seld scaarin' stooan; but he sed what aw thowt wor scaarin' stooan wor rockeries. Aw felt rayther disappointed, for aw considered it a fluke, an' aw tell'd one o' th' chaps sooa an' he ax'd me if aw wanted an engagement for he thowt aw wor th' queerest fish he'd seen for a long time.

"Tha'd better change thi line o' tawkin'," aw sed, " or else tha may get a whalin' 'at 'll cure thi 'errin' ways, for aws net be tawk'd to bi a shrimp like thee."

He reckoned to beg mi pardon, an' sed 'at it wor a queer thing 'at a Yorksherman wor sooa ready to bite at ivverything; but aw tell'd him ther'd nooab'dy be likely to bite at him till he gat mooar flesh on his booans, an' aw wor just gettin' ready to argify when Smith pooled me away to harken to th' mewsic. After th' band had played thersens aght o' puff, a lot o' chaps coom in, wi' white neckties an' gloves, an' began singin' summat abaat "Sign 'em o'er, ladies— ladies, sign em o'er." Aw suppooas they wor tryin' to entice some on 'em to sign o'er their shares or summat, but if they've sense they'll stick to 'em, for aw think it'll pay. Aw wor just beginnin' to feel comfortable when Smith gave me a nudge i' th' ribs an' sed "Come on." Nah aw wor gettin' rayther aght o' patience wi' Smith, for he'd been sayin' "Come on" ivver sin' we started aght, but aw darn't say owt, sooa aw follered him, consolin' mysen wi' thinkin' at aw'd come ageean withaat him an' then aw could do as aw liked. After leavin' theear, we walked throo St. James' Park, an' as aw watched th' childer standin' o' th' bridge thrawin' cakes into th'

c

watter for th' ducks, aw wished aw wor a duck, for mi backbooan seemed to be rubbin' ageean mi waistcoit buttons; sooa aw ventured to ax Smith if fowk ivver gate owt to eyt i' Lundun between ther breykfast an' ther supper. He smiled, an' ax'd me if I hedn't hed a bellyful o' seet-seein'?"

"Well," aw sed, "if aw'd nowt but my een to luk after, it 'ud do varry weel; but as aw'd a few owd teeth 'at had been aght o' wark for some time, aw thowt a bit o' exercise 'ud do 'em gooid?"

"Follow me," sed Smith, an, befoor we'd gooan far he turned into a cook-shop, an' called for mutton chops. It wor a varry nice place, an' in a short time we wor as thrang wi' us knives an' forks as if we wor at a club dinner. Ther' wor a chap 'at luk'd varry like a preycher aght o' wark, nobbut he'd a towel hung ovver his arm, an' he kept comin' an' shiftin' th' salt spooin, or reckonin' to dust a crumb off th' table, an' aw thowt he wanted a job, sooa aw ax'd him for some pickled cabbage. "We have no pickled cabbage," he sed, "but we have ——" an' then he started ov a nomony 'at must ha' been Dutch.

"That'll do," aw sed, "bring us some o' that if ye've nooa onions." He went off, and just managed to get back wi' th' onions bi th' time we'd finished th' chops, sooa we paid th' shot an' started aght ageean. Aw wanted to be gettin' hooam, but Smith put up his finger, an' started runnin' after a 'bus; an' aw wor fooarced to run after him, or be lost. We climbed on th' top, an' aw can tell yo it shook daan them chops i' varry little time. It worn't long befoor it stopt for us to get off, an' it's nooan a eeasy thing to get off a' omnibus when ye dooant know wheear th' steps is.

"Wheear are we, nah?"

"This is Fleet Street, and we are just gooin' up Salisbury Court to the Cogers' Hall, where we can spend a pleasant hour, and then go home."

"If ther's onny war codgers theear nor us two they must be a prime lot."

In we went, an' a varry comfortable place it wor an' we called for some ale, an' then sat listenin' to a chap 'at wor makkin' a speech abaat summat aw didn't understand, an' ivvery nah an' then he turned to a chap aw should ha' called th' cheerman, but he called him "The Grand," though aw could see nowt grand abaat him unless it wor his nooas, an' aw must say that wor as grand a peg to leet a pipe at as aw've seen for a long time; an' after workin' hissen into a passion he finished bi sayin' 'at he thowt they'd done perfectly right to put Sir Roger in prison for tryin' to obtain Arthur Orton's estates.

He'd nooa sooiner sat daan nor another gate up, an' Smith says ther' were some varry sensible things sed, but aw fell asleep, an' when Smith wakkened me we went hooam, an' he ax'd me what aw thowt abaat it.

"My opinion is just this," aw sed—

"Some tawk becos they think they're born
  Wi' sich a lot o' wit;
Some seem to tawk to let fowk know
  They're born withaat a bit;
Some tawk i' hooaps 'at what they say
  May help ther fellow-men;
But th' mooast 'at tawk just tawk becos
  They like to hear thersen."

Third Day.

HA aw gate hooam last neet aw cannot tell; but when aw wakken'd this mornin' aw felt as if aw'd been roll'd hooam i' a tub, for ivvery booan i' mi body ached as if aw'd gotten th' rewmatics. "A'a Mally, lass," aw sed, "but aw miss thee nah! If tha wor here awst get thee to rub th' small o' mi back an' mak' me a traitle posset. Aw'm feeard if aw'm sooa knocked up bi nah awst nivver be able to last to th' end. Aw've grummeld a gooid bit abaat hard wark, but this is hard laikin'. But it's noa use liggin' here an' growlin', for aw can hear fowk stirrin' daan stairs, sooa here gooas," aw sed, an' aw roll'd aght o' bed as stiff as a seck o' chips. When aw luk'd aght o' th' winda aw wor fair maddled, aw could hardly believe aw wor i' th' same country, for th' snaw wor fallin' an' ivverything lukkin' as cowd an' comfortless as if aw wor i' Greenland. "Well," aw thowt, "this is a rum un, at onny rate. Yesterday aw wor ommost sweltered, an' to-day aw'm gooin to be frozzen." Just then a bell started ringin' cloise to mi heead, an' ommost made me jump aght o' mi britches.

"That's the degger!" aw sed. "When aw'm at hooam aw'm rung up to mi wark, an' nah aw'm rung up to laik. Fowk must think aw'm like a pig 'at has to be rung befoor it's fit to be trusted aght." Aw managed at last to creep daan stairs, an' th' furst thing aw saw made me as mad as a wasp. Theear wor Smith, as fresh as a ferret, an' trippin' abaat as if he hadn't stirred aght o' th' haase for a wick.

"Well, Grimes," he sed, "how are you this morning?" Nah, he allus called me Mr. Grimes befoor, an' aw remembered what awr Ezra's copy-book says, "Familiarity breeds contempt;" but after all aw'd nooa room to grummel, for aw'd allus called him "Smith."

"Aw'm just as stiff as a telegraph powl," aw sed, "an' aw can hardly put one fooit befoor t'other, an' ha it is 'at tha'rt caperin' abaat like a doncin' maister aw can't tell, unless it's becos tha's sooa little flesh to carry."

"Oh," he sed, laffin', "I've not much to carry on my booans; what I have to carry is in my head."

"Well, if that's sooa, ther's one comfort; tha'll nivver be troubled wi' th' neck wark."

Mistress Smith wor in a gurt hurry for us to sit daan to th' braikfast, an' shoo began sympathizin' wi' ma, an' sayin' Smith owt to be 'shamed ov hissen ; but it wor just like him, for if ivver he tuke her aght he allus browt her back sooa tired whol shoo couldn't stir aght ageean for days an' days.

"If that's his noation wi' me," aw sed, "he'll be suckt, for aw'l nivver be lickt bi a bit ov a wippersnapper like yore Smith."

Smith laft wol he wor red i' th' face, an' kept winkin' at me, an' sooa aw thowt it wor all reight till aw saw he wor winkin' at her. Nah, aw hate a chap 'at winks booath ways.

"Oh, you won't think anything about it when you get used to it," he sed, "an' you'll soon walk it off."

"Well, it tuk a gooid deal o' walkin' on, but aw feel better after a gooid blow aght, soa if tha'rt ready we'll start off at once." Aw shouldn't ha' sed this, but aw saw it wor snawin' like fury, an' aw fancied he wodn't like to venter into a storm like that, but aw wor mistakken.

"It's a fine bracing morning," he sed, "this weather is seasonable ; it's a pity to miss it." Sooa aw wor forced to get ready, an' fillin' mi pipe aw followed him aght.

"Come on !" he sed.

"Aw say, Smith! if tha'd been at awr chapel when aw wor kursened, tha'd ha' known 'at my name wor

Sammywell, an' net 'Come on,' an' tha's been callin' me 'Come on' ivver sin aw coom."

"All right, Sammywell," he sed, an' off he shot daan th' street, singin' aght, "Here's the bus, Sammywell!" an' although he's a varry daycent chap aw couldn't help wishin' he'd tummel his whoal length, an' then aw could sam him up an' tak' him hooam, an' caar aside o' th' fire wol it cleared up; but he didn't, an' aw wor foorced to run after him, an' as sooin as aw gat to th' bus, he ax'd "Inside or outside?" "Aght," aw sed, thinkin' it wor cheaper, an' up aw' scrammel'd, but Smith popt inside. Aw luk'd raand, but ther' wor nub'dy but me an' th' driver; an' yo tawk abaat th' North Powl! Why, aw dooan't believe it's hauf as cowd. Aw hadn't been theear aboon five minnits when aw began wonderin' what they'd do wi' me if aw wor frozzen stiff. Maybe stick me up for a statty, same as some aw'd seen; an' then aw fancied what a seet it 'ud be if awr Mally coom an' browt all th' childer te see me stuck up at th' corner o' some street, an' streams o' watter runnin' aght o' mi nooas for a drinkin' faantun. An' then ther wor Smith, an' th' thowts o' him did help to warm me up a bit; an' aw made up mi mind 'at if aw lived to see him aw'd give him a bit ov mi tongue as sooin as it thaw'd. Ivvery nah an' then we stopt, but we wor off ageean befoor aw could steady misen to get daan. After gooin' as aw thowt, abaat two hundred mile, we stopt ageean, an' Smith stood shaatin' aght, "Sammywell!" an' mooationed me to coom daan.

"It's nooan Sammy*well*," aw sed, "it's Sammy*ill*, if aw know owt."

"Come, look alive," sed th' man 'at stood behind.

"Thee come an' caar up here for an haar or two, an' let's see ha alive tha'll luk."

When aw gate daan to th' bottom step, off went th' bus, an' aw ligged me daan o' mi back i' th' muck befoor aw knew whear aw wor. Smith ran to help me up, an' ax'd "if aw'd hurt me onny."

"Thee try th' same trick," aw sed, "an' then tha'll know."

But he did luk varry sooary, an' he sed "he hoped there was nothing the worse."

"Weel," aw sed, "if ther's nowt brokken aw'm all reight, for aw'm sure ther's nowt bent, for aw wor too stiff for that."

"It's very lucky, considering," he sed, "for you might have had your brains knocked out."

"If aw'd been one o' ye Lunduners varry likely aw should, but aw dooan't carry my brains i' that pairt."

"Come on," he sed; he'd forgotten mi reight name agean.

"Tha can 'come on' bi thisen if tha likes," aw sed, "but tha doesn't get me to go a step farther nor yon gas lamp wol aw've getten summat warm into me." Sooa he didn't say another word, but led th' way into a place, an' called for "two three's o' rum hot."

"Here's your good health, Grimes," he sed, an' he tossed it off.

"Actions speyk laader nor words," aw sed, "an' if tha'd cared owt abaat mi health tha wodn't ha' letten me ride o' th' top o' that bus."

"I thought you preferred it," he sed, "and as I saw you were put about a bit, I thought it might cool you down."

"Ay, an' it has cooiled me daan an' cooiled me up too. But whear are we nah?"

"This is the South Kensington Museum."

"Well, thee pay for us gooin' into th' Museum an' aw'l pay for th' rum."

"Very well,—come on," sooa aw supt up an' paid, an' in a few minnits we were gooin' in. Smith went first an' me next, an' ther wor a thing 'at twisted raand so as nobbut one could pass at a time; an' aw noaticed 'at he nivver paid owt, sooa aw sed, "Hold on! we'll ha' nooa funkin'. That policeman's seen us come in;" an' aw began poolin' him back.

"What's to do?" he sed.

"Plenty to do! tha's nivver paid."

"There is nothing to pay," he sed, "it's free."

"Then tha pays for th' next rum," aw sed. "Dooan't thee want to come Yorkshire ovver me."

Igow, bud if it had cost ten shillin', it wor worth it. We walked abaat, upstairs an' daanstairs, for aboon two haars, an' it seemed to me 'at whativver a chap could wish to see he'd find it theear if he luk'd for it. Ther wor hundreds o' picturs; ther wor pulpits an' pianners, church windas an' carriages, cannons an' cannel-sticks, boxes an' brooaches, hooks an' blunderbusses, an' all sooarts o' gold an' silver articles, an' thaasands o' wonderful things 'at 'ud tak' months, if net years, just to peep at an' pass bye.

"An' whoa belongs to this show?" aw axed.

"You have a share in it," sed Smith. "It belongs to the nation. This is where people come to learn to draw."

"Why, aw've a gooid mind to send awr Ezra here. He's varry clivver wi' a piece o' chawk. He drew th' shape ov his mother on th' cubbord door one day, an' when he telled us who it wor, we wor ommast killed wi' laffin'; but Mally threshed him wi' th' toistin'-fork wol he promised he'd nivver do it agean; for when shoo's drawn shoo mak's it hot for th' best on 'em."

"Let us go to the refreshment room," sed Smith, "and then we can rest." Sooa we went up a wide passage wi' another lot o' statties (it seems to me 'at statties are as plentiful i' Lundun as gas lamps i' Yorksher), an' ther wor a lot o' oak kists, an' cheers, an' beds, 'at Smith sed wor three or four hundred year old, an' if he'd sed thaasands, aw should ha' believed him; but when we gat sat daan i' th' refreshment room, aw rubbed mi een to mak' sure 'at aw worn't dreamin'

A'a what wod aw ha' geen if Mally could ha' seen that! But it's happen better net, for shoo'd ha' gooan off ov her heead. Shoo wor allus fond o' getherin' pots' an' chayny ornaments; but here all th' walls wor pot, an' th' pillars an' caanters an' all wor made o' pot, an' covered wi' flaars an' little lads an' lasses sittin' i' cockle-shells, an' apples an' oranges an' aw can't tell what beside, all made o' pot. Why, aw just felt like a fly shut up in a chayny teapot. Smith called for two cups o' teah an' two rolls o' butter, an' we wor waited on wi' as much ceremony as if we'd been fine fowk, bud then they couldn't tell whether we wor or net.

"Get plenty to eat, Grimes," sed Smith, "but be sure an' call for what you want, if this doesn't suit you."

"This suits me to nowt—aw'm fond o' owt curious an' ancient, an' aw should think this teah must ha' been made at th' same time as that owd furniture we wor lukkin' at, an's been kept brewin ivver sin', for it's like blakkin' an' watter. Ha mich is ther to pay for this lot?"

"Only fourpence each, and a penny each for the waiter."

Sooa aw called o' th' young chap 'at had sarved us, an' gave him two fourpenny-bits, an' tell'd him he could get that teah an' cake into him asteead o' th' tuppence.

"No, Sir," he sed, "I cannot do that."

"Tha's moor sense nor to try," aw sed, but if aw'd mi moind o' sich as thee aw'd mak ye eyt it, or else aw'd ram it daan yer throit."

As sooin as ivver aw want to argy wi' a chap, Smith's sure to say "Come on;" sooa he tuk hold o' mi arm an' marched me away, an' when we gat aghtside th' sun wor shinin' an' all lukin' sooa cheerful, wol if it hadn't been for th' mucky roads an' a bit o' snow under th' edge o' th' wall, aw could hardly ha' believed what a storm ther'd been.

A sharp walk for fifteen minnits browt us to th' Albert Memorial, an' it's worth walkin' twenty miles to see. Smith says it's 160ft. high, an' cost 120,000 paands, an' it's cheap enuff if it's worth it. Then we crost th' rooad into th' Albert Hall, a big buildin' like a gasometer, an' when aw say 'at ther's room for th' Bradford theayters an concert-halls to stand inside an' still ha' plenty o' room to walk abaat, yo can fancy what it's like. A chap at wor thear sed it held 16,000 fowk; but what th' singin' may saand like to them 'at's up i' th' top loft aw can't say, fur as aw stood thear an' luk'd daan on to th' stage, aw thowt som'dy'd dropt ther snuff-box, an' when aw luk'd ageean aw saw it wor th' grand pianner. Ther's secktacles for fowk to ride up an' daan in, an' aw think it's all varry reight to mak' them fowk pay, but them 'at ha' to gooa up th' steps owt to get in for nowt.

"Come on," sed Smith (an' if ivver aw can catch him i' Bradford, if aw dooant give him "Come on," wol he's sick on it, my name isn't Sammywell). He tript daan th' steps like a kitlin, leavin' me to shuffle after him as best aw could, an' when aw gate to th' bottom, he'd getten his pipe lit, an' wor leeanin' ageean th' door jawm, as if he wor stall'd o' waitin'.

"Here's a 'bus coming," he sed, "and as it's so pleasant now, we'll both ride outside; mind how you mount up."

"Aw nivver tummel up," aw sed. "When aw tummel it's a case o' comin' daan."

Away we rolled past buildin's an' gardens an' lots o' things aw could ha' liked to luk at, but we had to let 'em gooa. He kept tellin' me what they wor, but it'll tak' a chap' wi' a longer mem'ry nor me to think on.

"This is Hyde Park, and that's the Duke of Wellington's monument."

"An' what's he holdin' that mould cannel for?"

"That's his telescope."

Aw wor feeared ivvery minnit 'at we should run into a cab or summat, but we didn't. After a while

Smith says, "Here's Trafalgar Square; we must get down. Be careful."

"Leeave me to pay," aw sed, "an' aw'll bet he'll stop wol aw've getten daan," an' he did.

"Whose is that long chimly?"

"That's Nelson's monument."

"Why, what ha' they put him up theear for? If they'd wanted onnybody ta see him, they should ha' put him daan here, and sent th' lions up theear."

Aw luk'd a long time at them lions, wol Smith axed me "what aw thowt abaat 'em?"

"Aw wor just thinkin' 'at they wor varry like me i' one thing, an' that wor 'at it wor a long time sin' they'd had owt to eyt, but they were varry different in another, for it seemed to be all th' same to them whether they gate owt or net; but it worn't to me."

He tewk th' hint, for he's net quite baat wit. Into a cook-shop we went, an' two-pen'orth o' puddin' an' six-pen'orth o' beef an' puttates isn't a bad bitin' on between meals. As sooin as it wor swollered, off we went ageean, an' if aw offered to luk in a shop winda aw wor sure to be assed to "come on."

"This is Temple Bar," he sed, as we came to an owd gateway at wor propt up wi' timber, an' started ov a long rigmarole abaat ha monny fowks' heeads had been stuck up theear, an' a deeal mooar o' th' same sooart, sooa aw thowt aw saw a chonce o' payin' him back, an aw strade off shaatin' "Come on! it'll be time enuff to luk at that when it's put into order."

He didn't get mad, sooa we jogged on as weel as we could for th' fowk till we came to St. Paul's Cathedral. Nah, ye may think it queer, but to tell th' truth it didn't cap me a bit, for it seemed to me as if aw'd seen it monny a scooar times, an' if ther' wor owt abaat it 'at luk'd different, it wor 'at it wor rayther muckier nor aw'd expected. We went in an' wandered raand, but it didn't feel as mich like a church to me as th' owd Abbey had done, an' it didn't mak' me feel as solemn. It luks as if it wants furnishin' yet. In fact, it's one o' them big grand buildin's 'at ye can walk into an' forget to tak' yer hat off, whereas i' Westminster Abbey ye finnd yer hat i' yer hand withaat knawin' 'at you've ta'en it off. We didn't gooa all ovver it, for Smith sed it 'ud tak' too long an' cost too mich, sooa he led th' way ageean, an varry sooin browt me to th' Monniment o' Lundun. Aw'd to gooa up, of coorse, but he wodn't, sooa aw paid my tuppence an' began creeping up. Aw went on till aw began to feel a bit tired abaat the knee joints, bud aw expected it 'ud be a long way to th' top; bud when aw'd rested an' gooan on ageean two or three times, aw began to wonder if ther' wor onny top. Bud perseverance pooled me throo a little trap door, an' aw stud theear, ommost feeared to move, for aw felt as if aw stept to one side aw should ovverbalance all th' bag o' tricks, an altho' ther' wor railin's to prevent fowk fallin' off, aw couldn't get rid o' th' nooation 'at aw mud slip throo.

It wor a wonderful seet. Th' sun wor just settin', an' th' rivver Thames luk'd like polished brass, an' th' booats skimmin' on like black flies.

It pays for gooin' up once, an' if awr Mally cooms shoo's welcome to gooa up, an' aw'll wait wol shoo comes daan. Aw felt reight done when aw'd getten to th' bottom; but Smith sed he thowt nowt abaat dooin' it three or four times a day.

"For fowk 'at's sarved three month i' Wakefield it's all reight," aw sed, "bud as aw haven't, it's hard wark to me."

Ovver Lundun Bridge wor th' next thing, an' we did get ovver at last, an' aw suppooas all th' carts an' th' cabs an' carriages gat ovver sometime, bud they seemed to me as if they nivver wod, an' ye may fancy what it's like when yo're tell'd 'at 110,000 fowk gooa ovver it ivvery day, an' 24,000 conveyances. Here we stept onto a booat an' started hooam, for Smith sed he'd a grand treeat for me after th' "drinkin';" bud aw'll tell yo abaat that t' next time.

Fourth Day.

BEFOOAR aw say owt abaat th' fourth day, let me tell ye abaat th' third neet, an' what sooart ov a treeat Smith had for me; an' aw'l try an speyk th' truth, an' ye munnot think onny war o' me, an', whativver else, dooant tell awr Mally. After gettin' some teah an' tooast, aw saw Smith puttin' on his topcoit; sooa to escape that ivverlastin' "Come on," aw put on mi hat, an' away we went. A short ride in a 'bus browt us to Knightsbridge, an' we wor set daan.

"Wheear are we nah?" aw sed.

"I thought you would like to see the Sun," sed Smith.

"Why, can ye see th' sun at th' neet time?"

"This is the Sun Music Hall, and it will give you some idea of how a great part of the population spend their evenings."

"All reight," aw sed, "aw've seen th' sun at daybraik oft enuff, sooa aw'l see it at Knightsbridge an' see which aw like best.' We went up a passage wi' another lot o' statties holdin' gas-lamps, an' paid a chap a shillin' for two tickets, an' went upstairs. Aw'd been capt wi' other places aw'd seen, bud this capt me mooar, for aw did expect to finnd summat better nor what we had at hooam, bud aw didn't— for ther isn't one i' Bradford 'at isn't handsomer an' cleaner. In a rayther long, narrow room, 'at aw should think wor nivver whiteweshed sin' it wor built, an' that must ha' been when Noah com aght o' th' Ark or sooin after, ther' were a lot o' tables an' cheers daan stairs, an' a stage at one end, as black an' mucky lukkin' as th' walls; an' aw sed to Smith, "aw've heeard o' th' 'Coil-hoil,' a mate o' mine 'at once com to Lundun sed he went theear, an' if this isn't it, it must be th' ass-midden, an' if tha thinks this is gooin' to be a treeat to me, tha'rt mistakken, for if aw've been poor aw wor allus used to things cleean an' deacent."

"It does look as if it would do with cleaning, but let us see the entertainment, perhaps it may be better than you expect," he sed, "there are some first-class artistes engaged here."

Sooa we stopt, an' first one an' then another coom an' sang a song or donced a bit, but aw made nowt on it, for aw wor moor takken up wi' th' fowk. Two aght o' ivvery three wor sowgers, an' ivvery sowger had a woman wi' him, an' some on 'em two. Aw dooant say 'at they worn't ther mothers or sisters or sweethearts, bud aw'm pratty sure they worn't ther wives. Aw'd just begun thinkin' 'at th' chap 'at made th' seeats must ha' put th' booards th' hard side up, an' aw wor feelin' varry anxious to walk aght, when a chap 'at sat i' th' front o' th' stage call'd aght, " Mr. George Leybourne," sooa aw oppened mi een an' mi ears to mak' th' best on it; but aw couldn't catch mich; but at th' end o' ivvery verse he sed, "What would your wife say—what would your wife say?" An' aw thowt o' awr Mally in a minnit, an' aw sed to Smith, "Let's gooa;" an' as he saw it wor nowt i' my line we left it.

"It's too soon to go home yet," he sed, "I want you to see a little of London life by night, so we'll take a 'bus and go to Leicester Square."

Aw felt pratty weel tired, bud aw sed nowt ageean it; an' after bein' shook up for another hauf haar, we wor set daan.

"Better step in here and have a drop of something warm," he sed, an' we went into a place like a palace.

"What place is this?"

"This is the Criterion, one of the finest restaurants in the city," he sed.

"Well, if th' place is onny criterion o' th' sooart o' stuff we shall get, it'll be worth comin' for:" an' it wor gooid! Aw could ommost ha' fancied aw wor at th' New Inn when aw tasted it. When aw gat aght Smith tell'd me 'at ther wor a theayter undergraand ommost as big as th' buildin', an' if aw hadn't known him, I should hardly ha' believed it.

"Well, it's a nobby shop," aw sed, "an' th' rum's as gooid as th' plaice. Another glass like that 'll just set me reight for th' neet."

"We can have one in another place," he sed, an' after walkin' raand a bit, an' starin' at th' Alambra, 'at he promised to tak' me into some time, we called in a little place for another drop o' summat. As aw'd nooa bacca, aw ax'd th' bartender if he'd onny, an' ha' mich it wor a naance? "Fivepence." "Tha can keep it," aw says, "thrippence is all aw shall give," sooa aw tell'd Smith to stop theear whol aw slipt raand th' corner; an' off aw went huntin' for a bacca shop. Aw fan one at last, but aw had to give fourpence for a naance, but aw thowt aw'd save a penny onny way. But this is whear th' trouble begins. Aw thowt aw could goa straight back to th' place wheear aw'd left Smith, an' aw walked into one, but aw saw in a minnit 'at that worn't it, sooa aw coom aght an' saw one o' th' opposite side, an' aw made sure that wor it, but it worn't. Ther' wor lots on 'em, an' aw knew aw could tell it as sooin as aw saw inside, sooa aw tried 'em, but not one on 'em wor it. Ye may think aw begun to feel rayther queer; an' aw couldn't tell what to do. An' what wod Smith think? Aw thowt aw'd ax a policeman, but aw didn't know what to say, for all aw knew abaat it wor 'at it wor somewheear net far off, an' 'at Smith lived i' Chelsea. An' aw nooa moor dar gooa thear withaat him nor aw dar face awr Mally if aw'd spreed mi wicks wage. To mak' things just a bit pleasanter, it began to get sooa misty 'at aw could hardly see t'other side o' th' street. Aw kept walkin backards an' forrards, feelin' sewer aw should meet Smith, for he'd be saarten to be lukkin' for me, but nooa Smith did aw meet. Aw wor ommast fit to sit daan an' rooar, when just as aw wor walkin' daan a street a woman met me, an' sed, "Holloa!" "Holloa!" aw sed, an' aw seized hold ov her hand an' gave it a shake; for aw wor sooa pleeased to see onnybody 'at knew me.

"Well, who'd ha' thought of meeting you?" shoo sed.

"Aw dooan't think onnybody 'ud ha' thowt on it; aw'll tak mi davy on it 'at aw didn't!"

"Let us step in here and have something," shoo sed.

"An' welcome, mistress! But tell us, do ye knaw Smith; he's pock-marked an' squints; ye must knaw him?" But shoo sed shoo didn't; sooa aw says, "Then yo happen know awr Mally? Yo've th' advantage o' me."

When we gate to th' leet aw saw shoo wor a varry nice young woman abaat forty, but aw couldn't remember ivver to ha' seen her befoor. Shoo wor dressed all i' silks an' satins, ommost as grand as awr parson's new wife.

"What shall I have?" shoo axed.

"Nay, pleeas yersen," aw sed.

"Well, we'll join at one," shoo sed, sooa aw sed aw didn't care if we did, for aw thowt it 'ud be cheeaper. Shoo gave her order an' we wer' axed to sit daan in another raam, an' a young lass wi' a lot o' tow rolled into a ball as big as a young kettle-drum stuck at th' back ov her heead, browt in two glasses like sugar-basins, an' teem'd summat aght ov a black bottle. Aw didn't want to luk shabby, sooa aw threw daan a shillin', an' axed ha mich it wor.

"Ten shillings, sir," she sed.

"What does ta say? Aw want to pay for this drink; aw dooan't want to buy th' valliation."

"You called for a bottle of wine, and that's the price."

"Tak it back," aw sed, "aw nivver ordered it."

"No, but you told me that I might order it, dear," sed th' woman.

"Dooan't 'dear' me," aw says, "tha's proved dear enuff. If tha thinks aw'm a chap 'at'll order owt like that tha doesn't knaw me, an' aw dooan't believe tha knaws awr Mally nawther! But ye can do as ye like, aws't nooan pay for it."

"What's the matter?" sed a big, brooad-shooldered chap 'at sprung throo aw dooan't knaw wheear.

'Matter enuff!" aw sed, an' aw began to explain.

"I've got nothing to do with that," he sed, "you must pay, or I shall call the police."

If aw could just ha' been standin' under th' shadda o' th' Bradford Old Church at that minnit aw'd ha' gi'en five paand. Aw couldn't help misen a bit, an' to mak' it war aw'd nowt but a shillin', except some sovrins 'at Mally had stitched up i' mi' belt, an' if they saw that aw thowt they'd murder me, happen; an' aw wor wearin' mi belt i' sich a way 'at aw couldn't get at it withaat takkin' off pairt o' mi clooas, an' aw tell'd him sooa, but nowt else 'ud do for him but aw'd to tak' it off an' cut a sovrin aght; an' when aw gave it him he clapt me o' th' back an' sed " he knew aw wor one o' th' reight sooart, an' he'd let me have another bottle for th' change."

"Net if aw knaw it," aw sed, "yo've just spun me to th' length, an' if ye dooan't give it me quietly aw'll hev a feight for it, as big as tha art!" But he gav' it me baat onny moor to do, an' sed he hooaped aw'd call ageean, an' th' woman shaated after me 'at aw'd better bring awr Mally. Aw wor thankful to get away, but if it wor misty when aw went in, when aw coom aght it wor as if aw wor grooapin' at a coilpit botham. A Lundun fog is one o' them things 'at ivverybody owt to see once. Ther's some o' th' seets i' Lundun 'at ye cannot enjoy as ye should becoss ther's sooa monny wonderful things raand abaat; but onnyboddy 'at's in a fog can study it to the'r heart's content, for they can see nowt else. It wor noa use lukkin' for Smith, for if he'd passed me aw couldn't ha' seen him, an' th' only way ye could finnd a lamp-pooast wor to run ageean one, an' then luk up to see wheear th' leet wor. Two things wor sartin—aw couldn't finnd Smith, an' aw couldn't caar in a doorhoil all th' neet. Aw thowt aw'd mak' some inquiries abaat a 'bus, an' aw saw a spot wheear ther' wor a glimmerin' o' leet throo a winda, an' aw went in, an' theear wor a chap standin' tawkin' to a policeman.

Mi heart laupt into mi maath. "Smith!" aw sed, an' aw twisted mi arm raand his neck wol aw ommast screwed his heead off. Th' police seized hold on me an' tried to rive me away, an' Smith kickt an' fittered, an' th' bartender laupt ovver th' caanter an' fotched me a drive at th' side o' mi heead 'at made me see stars; an' I let fly at him wi' all mi might, but he dodged o' one side an' aw hit Smith i' th' stummack, an' he doubled up like a two-foot rule an' sat daan i' th' corner, an' th' bobby hit me o' th' heead wi' his staff, an' it made sich a crack wol aw thowt th' shandyleer had tummald; then him an' th' bartender collared me, an' th' handcuffs wor on in a minnit.

"So that's your little game, is it?" sed th' **bobby.**

"It may be gam to ye, but it's hard eearnest to me. Get up Smith, an' tell 'em who aw am." He gat up, an' when aw saw it worn't Smith, for he didn't squint, but a nice respectable old man, aw gav' it up for a bad job. "Do let me off this time!" aw sed, "It's all a mistak', mister policeman." (Aw'd nivver call'd a policeman mister befoor, but it's cappin' what yo'll do when yer in a scrape.) "Let me tell ye all abaat it, an' aw'll stand treeat for as mich as ye like to sup," aw sed.

"That sounds fair enough," sed th' bartender, "let's hear what he has to say," an' he left loose on me an' wor at t'other side o' th' caanter waitin' for orders i' nooa time.

Well, aw tell'd 'em all what had happened, an' as luck wod have it, this varry policeman had seen Smith seekin' me, sooa that satisfied 'em. Aw stood glasses raand twice, an' aw begged th' owd chap's pardon, an' ax'd what aw could do to mak' it all reight, an' he sed if aw'd pay for his watch glass 'at aw'd brokken, an' a bottle o' gin to tak' away th' pain ov his stummack, he'd say nooa moor abaat it. Aw wer glad to get off sooa eeasy, an' after slippin' hauf-a-craan into th' policeman's hand, we wor all gooid friends, an' they laff'd rarely. But aw wor foorced to wear mi hat o' one side, for ther' wor a lump risen up o' mi heead 'at 'ud ha' takken a child's billycock to fit it. Aw tell'd th' police 'at aw thowt it 'ud be an improvement to have th' staffs made o' cast iron, an' then a chap could feel when he gate hit, an' he sed he believed they wor thinkin' summat abaat it, for them they had nah wor nobbut to wakken fowk 'at fell asleep i' th' doorhoils, an' they wor ommast too soft for that; sooa aw wor detarmined, if aw could buy one second-hand, 'at aw'd tak' it for awr Mally, an' then ther'd be nooa need for sooa mich grummelin' abaat gettin' awr Ez up i' time for his wark. To mend matters, aw wor tell'd 'at ther' wor nooa 'busses an' no cabs to be had; an' th' bartender sed he wor gooin' to shut up, an' he'd gooa wi' me to th' station; which he did, an' showed me wheear to get a ticket, an' then left me.

"No more trains to-night!" shaated a poorter.

"Th' dickins ther isn't! But aw want to gooa to Chelsea. What mun aw do?"

"Either walk it, or go to the river and swim it."

Aw wor ommost fit to drop. Aw wor nivver sooa near done i' mi life. Aw sat daan on a doorstep, an' when aw thowt o' awr Mally, just as aw knew shoo'd be, tuck'd i' bed, nice an' comfortable, aw made up mi mind 'at if ivver aw gate hooam ageean aw'd nivver leeave it withaat her. Th' case o' th' prodigal son wor bad enuff, but th' case o' th' prodigal fayther is a deeal war. Tha needn't kill nooa cauf for me when I come back, lass, for they've ommost kill'd me, an' tha says aw'm cauf enuff. Aw've been i' th' hands o' th' Philisterians to neet, an' reight an' all.

An' all aw hooap is 'at Smith's dropt in for it waur nor me, for he sud ha' had moor sense nor to let me gooa buyin' bacca in a place like this. Thowts o' bacca wor a consolation, sooa aw filled mi pipe, an' after rumagin' all mi pockets for a match, aw bethowt me 'at aw'd gi'en 'em to Smith, sooa aw put it away wi' a grooan, an' shut mi een, an' aw must ha' slept a bit, for when aw oppened 'em, it wor still dark, but th' fog had ommost gooan, an' carts looadened wi' cabbages an' stuff. wor gooin' past, sooa aw straightened misen as well as aw could, an' when aw hobbled to th' end o' th' street aw saw an owd woman wi' a table, an' a big can on it steeamin' away, an' a lot o' gill pots, an' aw could smell coffee as strong as could be. Didn't aw prick up mi yers!

"Ha mich is this coffee a pot, mistress?" aw sed.

"One penny."

"Let's hev sixpenn'orth," aw sed, for aw felt as if aw could sup a sea. Shoo rayther stared when aw swollered 'em one after t' other, but aw thowt it wor th' cheeapest sixpenn'orth aw'd ivver had. Ther' wor three little lads starin' at me an' lukkin' hauf pined to deeath, sooa aw paid for a pot apiece for 'em, for they luk'd to me as if they'd been baat for a wick.

"What place is this, mistress?"

Covent Garden Market, just round the corner."

"Aw mud as weel hev a luk," aw sed, but wol aw'd been gettin' mi coffee, th' street had filled wi' carts an' waggons o' one sooart an' another, looadened wi' greens an' baskets o' fruit. Th' market wor leeted up wi' gas, an' fowk wor as threng as if it had been nooin. Ther' wor some cast-iron umbrellas as big as tents, an' some made o' hardin' an' chaps stood up under 'em sellin', an' fowk shaatin' an' thrustin', an' bringin' stuff in, an' takkin' it aght, wol aw'd a job to get inside. Ther' wor stalls an' shops piled up wi' th' graandest pooasies aw ivver saw. Wheear they'd getten 'em at this time o' th' year lickt me, but theear they wor, an' aw could ha' stopt for haars, but whenivver aw tried to stand aw wor allus i' th' gate. "Well, it's ommost worth all th' trouble aw've been in to see this," aw thowt, "but aw'd better be makkin' mi way towards hooam, for it's leeter nah." "Is that 'bus for Chelsea?" aw ax'd a chap after aw'd walked a bit.

"Yes, that's the first 'bus."

Aw gate in, an' aw'll be shot if Smith worn't caard up i' th' corner; but aw didn't put mi arms raand his neck this time.

"Ha can ta feshion to luk me i' th' face," aw sed. He began o' throwin' all th' blame on to me, but th' 'bus started, an' we set lukkin' at one another like two pailed mules wol we gat aght.

As sooin as aw felt mi feet aw sed, "Nah, what are ta baan to tell th' mistress?"

'Tell her the truth," he sed.

Well, aw couldn't say owt ageean that, but aw couldn't help feelin' pleeased 'at he'd th' job asteead o' me. As we went in th' mistress met us, an' when shoo luk'd at me aw thowt aw should sink into th' eearth, but when shoo smiled at Smith, an' sed "Served you both right: you ought to have had more sense!" aw thowt it must ha' been a made up job, for it wodn't ha' been what awr Mally 'd ha' sed; but then awr Mally didn't come throo Haworth. When we sat daan to braikfast Smith tell'd her all hah we'd gooan on up to th' time aw left him, an' hah he'd hunted after me an' ax'd police, an' varry near run hissen off his feet, an' all to nooa purpose, an' when he'd just given me up, an' getten into th' 'bus, in aw walked wi' a lump o' mi heead as big as his fist, an' that wor all he knew.

Sooa then aw started, an' when aw tell'd abaat th' woman stoppin' me, an' hevvin to pay for th' wine, aw thowt Smith hed getten th' crumps; for he roll'd abaat in his cheer an' varry neear went black i' th' face. But shoo sympathised wi' me, an' sed it wor " a shame 'at a nice, quiet, respectable, elderly, country gentleman like me (aw'st tell awr Mally that) couldn't walk along the street without being molested by such creatures." When Smith gate his breeath he sed it wor a reglar thing i' th' Haymarket, "and a man with half an eye could have seen through her little game."

"Well," aw sed, "aw've as monny een as mooast fowk, tho' aw can't see double." But when aw tell'd him abaat th' row wi' th' police, aw thowt Smith 'ud ha' brussen hissen wi' laffin', an' th' mistress hed a fit o' coughin' an' ran chooakin' into th' back kitchen, sooa aw finished mi braikfast bi misen. When aw'd done Smith browt his pipe to join me at a bit ov a smook, an' we agreed to hev a wesh an' then a quiet walk aght, an' get back an' gooa to bed i' gooid time. In a bit ther' wor sich a rustle i' th' stepshoil, an' in coom th' mistress donn'd up to Dick in her new gaon. Shoo just luk'd like one o' th' picturs aw'd seen th' day befoor. Smith's een fair donced wol one on 'em went ommost aght o' th' seet. Shoo luk'd like a peeacock 'at's gettin aght o' th' maalt. After we'd booath crack'd on it, an' Smith hed tell'd me ther' worn't a woman i' Lundun wi' sich taste as his Arrybella, shoo stood beside him wi' her hand on his shoolder, just like ye see i' fotygraffs. "Ther's nooa denyin' shoo lines it varry weel," aw sed, "an' if shoo puts a veil ovver her face shoo might pass for a young un yet."

As shoo went aght in a hurry just then, Smith an' me gate weshed, an' when we wor ready for off he lent me his soft billycock, for aw couldn't bide mi hat on, an' him an' his Arrybella walked arm-i'-arm, an' aw foller'd behind like a lackey.

It wor a grand day, sooa we went to Hyde Park, an' sat daan to watch th' gentry ride past. Smith seeamed to knaw ivverybody. "That's Duke Doodledom, and that's Lady Penwiper and her children," an' sooa on, an' aw could hear fowk sayin' "How lovely," "Look at those angels," "A clever man," an' sich like. It mud be all true enuff, aw dooan't knaw, but aw couldn't see onny occashun for sooa mich on it, an aw can't tell why it is,

    Aw nivver rammel mich abaat,
      Aw've summat else to do;
    But yet aw think, withaat a daat,
      Aw've seen a thing or two.

    One needn't leeave his native shoor,
      An' visit foreign lands,
    At hooam he'll finnd a gooid deal moor
      Nor what he understands.

    Aw can't tell why a empty heead
      Should be held up so heigh,
    Or why a suit o' clooas should leead
      Sooa monny fowks astray.

    Aw can't tell why a child 'at's born
      To lord, or lady, that,
    Should be sooa worshipp'd, wol they scorn
      A poor man's little brat.

    Aw can't tell why a workin' man
      Should wear his life away,
    Wol maisters grasp at all they can,
      An' grudge a chap his pay.

> Aw can't tell why a lot o' things
>   Are as they seem to be,
> But if it's nowt to noab'dy else,
>   Ov cooarse it's nowt to me.

We'd a varry nice time on it, an' Mistress Smith's new gaon enjoyed it furst rate, an' if all's reight to-morn, Smith says he'll tak' us to th' Crystal Palace, an' to th' waxwarks, an' finish off wi' th' pantomine.

Fifth Day.

WE gat up as fresh as larks, an' after liggin in a gooid stock o' prog, an' waitin' abaat hauf-an-haar for Mistress Smith to put her bonnet on' we started for th' station, gat tickets, an' wor sooin off to th' Crystal Palace. It wor a mild mornin', wi', just a few drops o' rain an' a promise o' moor befooar long; but it made ivverything luk green an' fresh, an' helpt to put fowk in a gooid temper. At last we stopt, an' after climin' up a lot o' steps, gat inside.

Aw thowt when aw saw th' Royal 'Quarium 'at aw'd seen th' mooast wonderful seet o' th' sooart 'at aw ivver should see; but aw wor mistaken, for th' 'quarium's nowt to this. Even Smith, 'at nivver reckons to be capt, an' 'at's seen it befooar, cudd'nt help sayin', "Ah! But this is grand!" An' Mistress Smith sed, "It is too beautiful for description!" But that cuddn't be exactly true, for a lad coom an' wanted to sell us a "descriptive clog," he called it; at onny rate it wor a book 'at tell'd all abaat it; but we didn't buy one, for aw could see ther' wor enuff to luk at withaat bein' bothered wi' readin' a book.

When they ax'd me what aw thowt abaat it aw couldn't tell what to say, for aw'd sed nice an' grand an' bonny abaat other things aw'd seen, an' aw wor fast for a word for this.

"What *do* you think of it Mr. Grimes?" sed Mistress Smith.

"Well, aw dooant knaw what to think, but it's what aw should call stunnin'," aw sed.

We walk'd on past faantens an statties an' flaars an' brackens' an' one thing an another wol aw felt fair dazed, an' when aw luk'd up an' saw plants 'at seem'd to have their rooits up i' th' air an' grow daan hill, aw hardly knew whether aw wor stood o' mi heead or mi heels. "Why," aw sed, "aw allus thowt Barnum wor th' biggest showman i' th' world, but John Bull licks him into fits."

"This is the greatest enterprise of its kind in the world," sed Smith; "but there is to be a great show in America this year. You ought to see that."

"Aw's nivver freeat," aw sed, "for if it's worth owt varry likely ther's fowk 'at 'll buy it off 'em, an' put it i' some spare corner i' here, an' then we can luk at it withaat hevvin to cross th' watter. Aw can't tell what th' Prince o' Wales had to gooa to Indy for, but aw'm sewer it worn't becoss ther wor nowt worth lukin' at nearer hooam; an' as for pig stickin', he can hev as mich as he likes for nowt if he'll go to Bingley at time o' th' year."

To tell th' truth aw ommost felt soory aw'd come, for aw felt as if to live i' sich a place, wi' a bit ov a shutup bed i' one corner an' nobbut one meal i' th' day 'ud be all aw should ivver lang for i' this life. If aw wor th' Queen this 'ud be th' spot for me. It isn't a fit plaice for onnybody to go at's rayther waik i' th' head, for it's enuff to mak' a sane chap cracked.

Smith an' me walked abaat wol we wor stall'd, an' then set daan, but his wife wodn't, for shoo'd rayther move abaat, shoo sed, an' nooa wonder; for sin we left hooam a tuck hed come aght ov her gaan, an' it trail'd behund her for hauf a yard, an' as shoo walked past it went swish, swish, swish at ivvery stride shoo tuk as if it hed been made o' newspaper, but it seem'd to suit her famously, an' if shoo cared mooar abaat sweepin' th' floor nor abaat keepin her skirts clean, that's a thing between Smith an' her.

After a rest, Smith sed he'd like to gooa into th' skatin' rink, sooa we all three went; but aw wor a bit disappointed when we gat in to finnd nooa ice, but th' floor luk'd nice an' snod, an' th' fowk 'at wor in wor all slidin' abaat wi' castors o' ther feet, th' same as if they'd been some sooart o' parlour furnitur' Smith an' his wife wanted to hev a try, but they wouldn't withaat me, sooa aw let a young chap buckle me a pair on, an' thankin' mi stars 'at Mally worn't theear to see me mak' sich a fooil o' misen, aw stood up varry carefully an' made a start. Aw've nooa daat aw should ha' been all reight but for mi legs gettin' mix'd up a bit, an' wantin' to gooa different ways. Nah if onnybody wants to know what it feels like to be split up to ther shirt-neck, he cannot do better nor try a pair o' theas skates, as they call 'em. Aw wor i' nooa hurry to get up, for aw felt safer wheear aw wor; but aw did wish aw'd had mi pictur' ta'en afooar aw left hooam, just so as th' childer could be able to tell what sooart ov a chap the'r fayther wor once; for wi' one thing an' another 'at had happened sin aw left 'em, it 'ud be hard to swear awther to mi face or figure. Aw could see Smith sprawlin' abaat like a galvanised lobster, an' whewin' his arms raand to keep th' reyt end up, an' he mooashun'd for me to "Come on," but aw'd mooar sense nor to try; an' when Mistress Smith coom past an' ax'd me if aw wor keepin' th' ice warm, aw thowt if shoo knew what a blister aw was sittin' on, shoo wodn't want tellin' Aw managed, after a bit, to tak' th' thingums off, an' aw wor able to stand up. Smith an' her wor boath sailin' away nah, as if they'd been born sooa, an' some wor cuttin' all sooarts o' antics 'at yo could fancy, but aw wor quite satisfied wi' th' bit aw'd had, sooa aw sat daan an' watched 'em wol they wor stall'd; an' then we had another walk i' th' palace. Mistress Smith wor i' rare spirits, an' as shoo luk'd up at th' thack, shoo sed shoo wished they could mak' ivverything o' glass, it wor sooa beautiful; but aw kept mi hand under mi coit tail an' felt thankful they couldn't for aw should ha' been singin' aght for putty long sin' if they could.

Upstairs an' daanstairs we went, an' ivverywhear saw moor wonderful things, an' what wi' picturs an' music, an' flaars an' figurs, aw wor fair maddled, an' glad when Smith sed it wor abaat time for summat to eyt. Ther' wor a lot o' little tables, an' we sat at one, tho' it wor nooa easy thing for me to do, an' we wor sooin makkin' an end ov a big pooark pie an' some bottled ale, an' th' organ playin' to keep us company. Then we went to see th' canary show, an' ther' wor thaasands on 'em, an' th' din they made wor enuff to deeafen ye. After that we went to see th' fishes, all alive an' swimmin' abaat, an' lukkin' as mich at hooam as if they'd nivver known owt else. Then we went aghtside, an' walk'd abaat th' gardens, an' if it had been midsummer aw shouldn't expect to finnd 'em lukkin' mich better. But a chap can get tired even in a place like th' Crystal Palace, sooa aw wor glad to sit an' rest wol Smith tell'd me summat abaat it. My heead willn't carry hauf what he sed, but aw remember he tell'd me 'at it had been oppen for twenty-two year, an' 36,500,000 fowk had been to see it, an' that's moor nor all th' fowk i' England, Ireland, an' Scotland, an' what's moor, ther'd nivver been a row yet, not even when 84,000 wor theear i' one day. One exhibition o' th' faantains tuk 6,000,000 gallons o' watter, an' threw it up 280 feet. Aw've forgotten what he sed beside, but that's plenty to show it's a place worth gooin' to luk at.

We had another ride o' th' puffin' Billy, an' then tuk a 'bus to th' waxwork. As we went in thear it luk'd as if they'd been tryin' to see hah mich lukkin' glass they could pile up, for all th' walls wor covered, an' whichivver way aw turned to gooa aw saw misen standin' anent me. Smith managed to finnd his way, an' aw foller'd him, an' in a little raam wor th' Emperor Napoleon liggin' i' state—an' a varry awkward state aw thowt. Aw've nooa daat it wor varry like him, tho' aw nivver knew him, but lukkin' at deead fowk isn't a fancy o' mine, sooa aw didn't stop long. Then we turn'd into a big raam 'at wor full o' all sooarts o' men an' wimmen, donn'd up like show actors. Aw'd nivver seen owt to touch 'em, for they wor sooa like livin' fowk, 'at to me they wor ommost flaysome. Aw hardly dar gooa near some on 'em, they luk'd sooa fierce: but ther' wor some o' the bonniest wimmen aw ivver saw. "Aa!" aw sed to misen, "what fooils some young chaps are at this day! They gooa an' pick up wi' a lass 'at knaws nowt bud hah to weear fine clooas an' paint her face, an' is nooa moor fit to be a wife nor one o' theeas waxwork, an' is stuft as full o' consait as theeas are o' saw-dust; an' they hev to tew to keep 'em, an' to keep somdy else to luk after 'em, an' they could come here an' buy one for a paand or two, hansumer bi th' hauf, 'at'll nivver want owt to eyt an' drink, nivver want new clooas, nivver get into a bad temper, an' if they gat stall'd on her they could have her melted ovver ageean an' made into onny shape they liked, an' if they didn't want her at all they could sell th' wax for sooa mich. They'd be o' nooa use to chaps 'at want wives, but they'd be a gurt savin' to them 'at's satisfied wi' dolls."

I' th' middle o' th' raam, on a platform, wor th' Queen an' Prince o' Wales, an' a lot moor. Nah, aw think th' country ought to buy 'em, for aw'm sure wi' a bit o' clockwark they could be made to do varry weel for such things as openin' parliments, an' ridin' i' prusseshuns, an' even for sittin' at charity dinners an' give nowt. Smith sed aw wor a poor economist to tawk like that, for it 'ud be cheeaper to send th' craan an' th' Koinoor, an' save th' expense o' waxwark. As it's a thing aw dooant reckon to understand aw sed nooa mooar abaat it. Aw wor varry glad 'at Smith hed ta'en me to see 'em, but aw dooant think aw sud care to gooa twice, an' aw'm sewer aw wodn't be lockt up wi' 'em i' th' dark for all aw could see. He sed we could goa into th' chaymer ov horrors for sixpence extra, but what aw'd seen hed gi'en me th' horrors quite enuff, sooa we came away, an' aw felt better when aw wor aghtside, for takkin' it all together they just seemed to me like a lot o' fine fowk 'at had deed sooa sudden 'at they hadn't had time to tak' off their best clooas, an' 'at nob'dy cared enuff abaat 'em to be at th' trubble o' puttin' 'em quietly an' deacently away.

A bit o' bacca felt gooid after that, an' after we'd seen Mistress Smith safe into a 'bus for hooam (for as it wor too dark for onnybody to see her new gaon, shoo didn't care to stop,) we made a start for a theaytur, for Smith wor detarmined aw should see a pantomime. After finding one, an' being squeezed ommost flat in a craad o' roughs, we gat tickets for th' gallery, an' wer' lucky enuff to get gooid places. It luk'd a deeal nicer inside nor aw'd expected, an' th' mewsic wor varry lively, an' ther' wor plenty to pass th' time wol th' play started, i' lukkin' at fowk. Raand abaat wheer we set ther' wor nowt but young lads, but they seemed to knaw ivvery body 'at wor gooin' to act, an' they tawked abaat 'em as if they wor all pals. They'd come theear to enjoy thersens, an' ther's nooa daat they did befoor it wor ovver, but aw did think 'at my lads wor a deeal better off 'at wor hard asleep i' bed; an' aw'm sure, after lissenin' to 'em, it 'ud be a gooid thing if th' schooil booard, 'at's sooa detarmined to mak' 'em leearn what they should, would see if they couldn't do summat to prevent 'em leearnin' sooa mich 'at they shouldn't. Ther' wor hardly one aw saw but what could ha' had th' price ov his ticket wared i' a way to ha' done him mooar gooid. Whether it's onny advantage for grown-up fowk to spend ther brass an' ther time o' sich things or net isn't for me to say, but aw will say this mich, if a child should be trained up i' th' way he should gooa, them 'at aw saw had had a bad beginnin' Ov coorse, aw nobbud tawk like a wrangheeaded Yorksherman, an' it may be 'at aw've getten into this way o' thinkin' owin' to that extra bump 'at th' police made me a present on, but reight or wrang aw say what aw meean. Aw could ha' liked to ha' spokken to one or two on 'em, but aw thowt it 'ud be like a druffen chap praichin' up teetotalism; they'd want to knaw who aw'd sell'd mi' example to. Th' mewsic stopt, an' th' curtain went up. Aw saw some fowk walkin' abaat an' tawkin', but aw couldn't tell what they sed; but a chap coom on 'at aw felt sewer aw knew, an' aw ax'd Smith if he knew him.

"That's Shylock, the Jew," he sed

"It's th' hangment as like!" aw sed, "that's a Bradford chap! Aw can own him i' spite ov his wig!" It wor nooa use tryin' to tawk to Smith, for all he sed it wor th' *Merchant o' Venice;* an' aw think, like a deal moor merchants at this slack time, he didn't mak' mich aght. It wor ovver at last, an' aw felt thankful for it, an' waited patiently for th' pantomime. A lad cloise to me pool'd aght his pipe an' began to smook, so aw thowt aw'd have an odd rick, an' aw'd just charged an' wor gooin to strike a leet, when summat catched me a crack fair at top o' mi new lump, an' aw turned raand, an' a policeman says "No smoking." "Aw hevn't started yet," aw sed, "but couldn't ye tell a chap a bit moor pratly? It's this young scapegrace here," aw sed, pointin' to th' lad. As sooin as aw did sooa, all th' lads raand jumpt up an' sware it wor me. Smith stood up for me like a brick, sooa th' police gav 'em all a crack apiece an' went away satisfied.

"I don't know how it is," sed Smith, "you are always getting into some trouble."

"Nor me, nawther, unless it's thy fault, for aw've allus been able to steer clear till tha tuk mi i' tow."

Th' curtain went up agean, an' that put a stop to onny moor tawk. Ther's nooa daat it wor varry grand—all seem'd to be done 'at gold an' silver an' paint an' red fire could do, an' what wi' singin' an' doncin', screamin' an' shaatin', they made things varry lively for an haar or two; but when it wor all ovver aw couldn't help axin' what it wor all abaat. It wor worth a shillin' to see 'em all sooa grandly dressed up, an' aw'd ha' gi'en two shillin' to ha seen 'em all when they'd getten on ther own duds. It seems to me to be th' feshion for th' wimmen to dress for a pantomime so as to luk as if they worn't drest, an' aw think if some o' them 'at wear ther gaons to trail a yard behinnd, wor to cut a bit off, an' them 'at's sooa short had to pin a bit on, they'd booath be better for it. A fig leaf wor a varry neat costume once on a time, but it's hardly th' thing for this day. When we gat into th' street, a pennorth o' hot roasted taties didn't mak' a bad supper; an' wi' tired booans, an' a soor heead, an' a recollection 'at walkin' on wheels worn't what aw wor fitted for, aw hook'd arms wi' Smith an' started for hooam.

  If ye've a fancy for a spree,
  Come up to London, same as me,
  Yo'll find ther's lots o' things to see,
    To please yo weel.
  If seein' isn't quite enuff,
  Ye needn't tew an' waste yer puff,
  To find some awkward sooarts o' stuff,
    'At ye can feel.

  Ye'll nobbut need to set yer shoe
  On some policeman's tender toe—
  A varry simple thing to do—
    An' wi' a crack
  Enuff to mak' a deead man jump
  Daan comes his staff, an' leaves a lump,
  An' then he'll fling ye wi' a bump
    Flat o' yer back.

  If signs o' riches suit ye best,
  Yer een can easily be blest;
  Or if ye seek for fowk distrest,
    They're easy fun.
  Wi' faces ommost worn to nowt,
  An' clooas 'at arn't worth a thowt,
  Yet show hah long wi' want they've fowt,
    Till fairly done.

Like a big ball it rolls along,
A nivver endin' changin' throng,
Mixt up together,—waik an' strong,—
        An' gooid an' bad.
Virtues an' vices side by side,
Poverty slinkin' after pride,
Wealth's waste, an' want 'at's hard to bide,
        Some gay, some sad.

It ommost maks one have a daat
(To see some strut, some crawl abaat,
One in a robe, one in a claat),
        If all's just square.
It may be better sooa to be
But to a simpleton like me,
It's hard to mak such things agree
        It isn't fair.

Sixth Day.

ANOTHER letter throo awr Mally; an' aw've nivver written her a word yet. Let's see what shoo says:—

Dear Departed Sammywell,—I write theas few lines hopin' to finnd thee weel as this leeaves me at present. I have had 2 thaik for three days an' it gets nooa better, an' I wonder if tha's forgotten tha's a lawful wife an' 3 childer at hooam, an' naybors cryin' sham on thi, an' awr Ezra gate a penny throo me last neet to buy a *Lundun Journal* to see if ther wor owt in abaat thee, an' he red it ivvery word laad up, but we fan nowt an' he nobbut laft; an' awr Hepsaaba is as ill as him, an' I believe shoo's coortin', an' I tell'd thi ha it 'ud be if the'r fayther didn't set a better exampler, an' we didn't get to bed till three o'clock this morn, an' ther's nooan on 'em gooan to ther wark, an' it's draw day this wick, an' Ike's cat has kittled in thy hat box 5 kitlins, all black uns 'cept 2 gray uns an' one tortyshell an' one yoller-an'-white, an' awr sink's stopt up, an' tak' care o' thi silk kertchy, an' come back hooam, no moor at present,

Widdy Grimes.

P.S.—Excuse miss steaks, for this is a bad pen. What sooart of a wife has Smith getten, they're mooastly dowdys 'at come throo haworth. P. S.—Awr Ezra's just com'd in an' ta'en a shive of presarve an' cake ommost as big as th' cubbord door. I can't stand this mich longer. P.S.—I hooap tha behaves thisen, tha knows what I mean. What sooart o' clooas dryin' is ther' in Lundun, we have all awrs to dry inside, an' th' coils is ommost done, an' sooa am I for that matter, but that willn't trubble some fowk.

A'a, Mally lass, tha's been grummelin' like that for twenty year, an' as long as tha keeps at it aw'st know tha doesn't ail mich.

  It's long sin' th' parson made us one,
   An' yet it seems to me,
  As we've gooan thrustin' toilin' on,
   Time's made nooa change i' thee.
  Tha grummel'd o' thi weddin' day,
   Tha's nivver stopt it yet,
  An' aw expect tha'll growl away
   Th' last bit o' breeath tha'll get.

  Growl on, ow'd lass, an' case thi mind !
   It nivver troubles me ;
  Aw've proved 'at tha'rt booath true an' kind,
   Ther's lots 'at's war nor thee.
  An' if thine's but a hooamly face,
   Framed in a white starched cap,
  Ther's nooan 'ud suit as weel i' th' place,—
   Ther's nooan aw'd like to swap.

  Sooa aw'll contented jog along,
   It's th' wisest thing to do ;
  Aw've seldom need to use mi tongue,
   Tha tawks enuff for two.

> Tha cooks mi dinners, maks mi bed,
> An' finds mi clooas to don,
> An' if to-day aw worn't wed,
> Aw'st say to thee—

"Come on," sed Smith, an' aw had to braik off just wheear aw wor. Aw dooant knaw hah it is, but aw can get to write a verse or two abaat onnybody or onnything except awr Mally. As sewer as ivver aw start aw'm awther brokken off, or else aw stick fast. Shoo says ther' wor a time when it wor different, an' aw think ther wor; but aw'm sewer it worn't becoss aw liked her onny better. Aw've monny a time wondered hah it is 'at ther's sooa mich written to sweethearts an' sooa little to wives. It must be becoss a chap writes th' best abaat what he knaws th' leeast. It luks queer, doesn't it?

Aw'd been sooa takken up wi' what aw'd been dooin' wol aw'd forgetten all abaat th' braikfast; but that's a little matter 'at wor sooin made reight, an' Smith sed "we'd lose no time, for that day was to be the treat of treats." Yo'll be capt to knaw 'at we went to see th' Queen, but it's true. Smith hed seen it i' th' papers 'at shoo wor gooin' to oppen a hospital, sooa we set off leavin' th' mistress at hooam, for shoo sed shoo'd nowt fit to be seen in, except her new gaon, an' that 'ud get crushed; an' we had a ride on th' undergraand railroad to a place call'd th' Mansion Haase, an' ye'd stare to see what a lot o' grand buildin's ther' is abaat theear. Ther's th' Bank o' England an' th' Royal Exchange, an' aw dooan't know what beside; but we couldn't get into onny on 'em, for ther' wor thaasands an' thaasands o' fowk; an' tawk abaat colours! Why aw nivver saw streets decked aght i' sich a way i' my life. Flags an' streamers an' coats o' arms, wi' "Welcome" an' "God save the Queen"—ther' must ha' been millions. We gate a nice corner wheear we could have a fair luk, an' i' spite o' thrustin' an' shuvin' we kept it. Th' Lifeguards wor standin' at all corners, an' aw felt mi sowjers blooid fair tingle i' mi veins; for aw'd once a uncle 'at wor a millishaman, an' if aw'd mi time to do ageean, aw'd be a Lifeguard. Tawk abaat yer trifle corks, why, they're nowt like sowjers compared to them. Aw used to think 'at th' yomanry cavally did luk daycent but a'a bless ye! ther's as mich difference between them an' what aw wor lukkin' at as ther' is atween awr Mally an' th' Princess o' Wales. Aw've felt easier i' mi mind ivver sin' aw saw 'em. Fowk may tawk abaat forrun invasions wol ther' tongue sticks to th' top o' ther' maath, but they'll nivver be able to freeten me. Ther' worn't one on 'em 'at didn't luk as if he'd be a match for a duzzen, an' if owt ivver licks 'em it'll be becoss we hevn't enuff on 'em.

Aw've heeard fowk ax sometimes what th' Queen wor gooid for, an' aw've nivver been able to tell, but aw can tell nah. If shoo'd nivver done nowt else nobbut what shoo's done this once shoo's worth all shoo costs an' mooar. Whichivver way ye luk'd ye could see one mass o' fowk—thaasands on 'em hed been stood theear for haars—an' theear they stuck, an' seemed as content as if they wor paid for it. Ivverybody wor in a gooid temper, an' altho' th' wimmen screem'd a bit when ther wor a extra crush, yet they laft next minnit, an' aw believe they rayther liked it. Owd fowk 'at could hardly toddle wor shakkin' ther heeads un' tellin' th' young 'uns what doos ther'd been befoor they wor born, an' th' middle-aged uns seemed to be tryin' to forget at they worn't young, an' th' young uns were aght for a spree an' detarmin'd 'at ivverybody should knaw it. All th' winders wor fill'd wi' fowk laffin' an' suppin' ther' wine, an' makkin' th' street luk like a picter gallery, wheear ivvery painter hed tried to see hah monny faces he could get into one frame, an' ivvery nah an then they threw handsfuls o' coppers, an' sometimes silver, into th' craad below, an' worn't ther a scrammel for it! Th' police tried to keep a way cleear for th' prucesshun when it coom, but they mud just as weel ha' whistled, for if ther' wor a penny to be seen ther' wor a rush for it, an' aw nooaticed one or two police at pickt up as monny as coom i' ther way. I wondered hah they'd manage to clear a track, but aw hedn't to wonder long, for th' church bells started o' ringin' an' th' police o' horseback an' th' sowjers coom gallopin' on, an ther' wor cries, "Shoo's commin!" an' i' less nor five minnits th' road wor cleared, an' th' craad wor all squeezed on to th' cawsey, an' booath sides wor as straight as if a mawin' machine hed just cut it. Th' flags fluttered mooar nor ivver, as if they knew who wor comin' an' hardly a saand wor to be heeard wheear all hed been noise an' tumult a few minnits befooar. Mewsic wor playin', an' we could hear it commin' nearer an' nearer; an' then a long, low tremblin' saand, as if th' bass pipes ov an organ wor smothered in a feather bed, an' it kept gettin' laader an' laader, an' then aght o' all th' winders, as far as we could see, ther' wor a snawstorm o' white pocket handkertcheys flutterin'. Then some police coom past an' th' mewsic wor nearer, an' th' noise gate laader, an' we all pooled in a long breeath to be ready when ahr time coom. Then coom th' band an' th' sowjers an' th' carriages. Did aw shaat? Well, nivver mind abaat that; aw thowt aw'd do mi share, aw felt 'at th' honner o' Bradford wor i' mi throit, an' tho' th' din aw made wor lost amang th' din all raand, yet it wor thear, for aw gave all th' voice aw hed, an' aw've been sooa hooars ivver sin 'at aw've hed to speik in a whisper.

"Tell me which is her, Smith," aw sed, "be sure an' let me know when shoo comes past, sooa as aw can hev a gooid luk."

"That's her; straight where I'm looking," he sed.

"Who the deuce can tell whear tha'rt lukkin'," aw sed, "when tha doesn't luk straight."

"Here she is," he sed, an' theear shoo wor. Aw knew her in a minnit. Aw'd expected seein' her in a craan, an' covered wi' gold an' silver an' precious stones, but shoo worn't a bit better don'd nor awr Mally is when shoo gooas to th' chapil. T' coachman an' lackeys wor all shimmerin' wi' scarlet an' gold, an' th' Lord Mayor's turn aght wor mor glitterin' bi th' hauf, but shoo just looked like what shoo is —a mother ov a lot o' grown-up childer, one 'at's hed her share o' troubles, as weel as pleasures, an' 'at's takken th' turn, an's quietly gooin' daan life's hill, loved an' honoured bi a nation, an' respected bi a world. Smith wor varry particlar to point aght all th' rest o' grand fowks to me, but it wor th' Queen aw wanted to see, an' aw wodn't ha' missed it for all th' seets aw'd seen i' Lundun. Another lot o' Life Guards follered on, an' that wor th' last, an' th' cheerin' grew fainter an' fainter i' th' distance, th' streets wor filled wi' fowk ageean, th' lasses wor shrikin' an' th' lads laffin', an' hawkers seemed to start up ivverywhear shaatin' what they had to sell, an' Smith led th' way daan a quiet narrow street whear we could get a dhrop o' summat to clear th' dust aght ov us throits.

When aw ax'd him if he'd seen t'Queen nod at me, he sed shoo'd nodded nooa moor to me nor shoo'd nodded to him, but aw knew better, for shoo gav' me a reight knowin' nod, an' aw believe shoo'd ha' spokken if shoo'd been near enuff. What shouldn't shoo for aw shood like to knaw? Isn't a Yorksherman as much to t'Queen as a Cockney? But t'fact is Smith's a bit jellus o' me becoss aw'm rayther better lukkin', an' Mistress Smith sed t'other mornin' 'at shoo wor sewer aw'd improved famously sin aw coom here, an' if aw stopt mich longer aw should be a regular arristocrat. Wait wol yo see me coom marchin' hooam wi' a penny segar i' mi maath, an' wi' mi hat o' one side, an' aw'll bet som'dy 'll wonder what's up.

Aw saw a craad raand a chap 'at wor sellin' summat, sooa aw shov'd in ameng to see what it wor, an' aw did stare, for he wor sellin' leather purses for a shillin' apiece, an' he put four shillin' into ivvery one. Aw couldn't just see hah he made it pay, but he sed he did it i' honor of Her Gracious Majesty, an' as fowk kept buyin' 'em aw could see nooa reason why aw shouldn't mak a day's expenses as well as onnybody else. Smith sed it wor nowt but a swindle, but aw tuk nooa noatice o' him, for he'll nivver pairt wi' a haupney unless he can see a penny. Nah aw like to speckilate, specially when aw knaw it's safe. Ther' wor a chap 'at stood next to me had bowt one, an' he oppened it to let me luk, an' thear wor th' brass reight enuff, sooa aw waited wol aw saw him put four bright shillin's into another, an' aw shov'd mi shillin' into his hand an' grabb'd it in a minnit, so as he'd hev nooa chonce to swap it.

"Come on," sed Smith, sooa aw went, for aw thowt aw'd done weel enuff for once

"Nah," aw says, "aw'll stand t'next treeat, sooa finnd a gooid shop."

"Here we are," he sed; aw believe he can smell 'em, for he allus knows just wheear to gooa.

Aw call'd for two pints o' bitter, an' aw oppen'd mi purse an' emptied aght—four shillin'? Nay aw didn't, for ther' wer nowt in but two haupneys. "Well, this is a licker!" aw sed, "aw'm as sewer aw saw him put four shillin' i' th' purse as aw'm standin' here."

Smith sed aw wor varry raw yet, but aw can't see hah that could be when aw'd just been sooa weel done. But aw pottered aght sixpence, an' wol we wer' tawkin' who should come in but th' chap aw'd bowt it on, wi' him 'at aw'd seen buy th' purse wi' th' four shillin' in, sooa aw watched a bit, an' when aw saw they wor butties, aw put th' purse i' mi pocket, an' gave Smith credit for havin' moor sense nor me.

Then we started to walk along th' streets to hev a luk at th' decorations, but as aw dooan't believe th' pen's made 'at can write owt like an idea on it, aw willn't try, for as we went mile after mile, it seemed to me as if it had been ivverybody's weshin' day, an' they'd all getten ther clooas aght to dry, an' some gooid fairy hed turned 'em into colours o' one sooart or another. Daan th' sides o' th' street wor like a fair, an' aw wor capp'd to see 'em spinnin' an' shakkin' dice for brass just as if ther' wor nooa law ageean it or nooa police to luk after it. Ther' wer' weighin' machines an' shooitin' for nuts, an' peep shows, an' monny a booat looad o' oranges an' apples an' oysters. An' i' th' chaymers o' th' public haases ther' wer' bands o' mewsic, an' at th' corners wer chaps wi' ther' faces blacken'd playin' banjos an' concertinas, an' singin' abaat th' Queen, an' ther' wor scoors o' things beside, 'at made din enuff to give ye th' heead-wark for a month. But amang it all ivverybody seemed happy, an' if some wor rayther noisy an' rough, may be it wor th' only way o' showin' ther' loyalty 'at they knew; an' if one woman can mak soa monny hearts glad—to say nowt abaat them poor souls 'at shoo cheered as they laid i' ther' beds, an whose blessings 'll folla her as long as shoo lives—even if it's seldom shoo does it, shoo's worth a pension at onny rate.

> Some lands may boast a brighter sky,
> And fairer flowers may grow;
> The glittering birds like jewels fly,
> And statelier rivers flow;
> The regal mountains rear their heads
> In solemn majesty;
> Whilst every tree rich odour sheds,—
> Yet, England still for me.
>
> There may be lands where richer mines
> Of precious metals lie;
> Where fruit-bowed trees, and clustering vines
> Enchant the ravished eye;
> Where ambient waves toss on the strand
> The treasures of the sea;

And beauties crowd on every hand,—
   Yet, England still for me.

Give me the land where virtues dwell,
   Where useful arts increase,
Where safety's smiles all fears dispel
   Whose battle-cry is peace.
Where Freedom waves her banner high
   Subjects an' Queen agree;
The land of love and loyalty,—
   Old England, still, for me.

When we'd walked abaat wol we wer' fair done, aw ax'd Smith what his stummack wor thinkin' on, an' he sed he didn't knaw 'at his stummack ivver did think. "Well," aw says, "it's different to mine, for mine's just thinkin' 'at aw must ha' getten mi throit cut, or else ther'd ha' been summat gooin' daan befoor nah." "Come on," he sed, an' we went into a place wheear ther' wor a gas lamp ovver th' door wi' I. O. G. T. painted on. Aw suppooas th' chap's name wor too long to put it i' full, but whoivver he wor he gave us some rare gooid coffee an' puttaty pie, an' all we had to pay wor tuppence-haupney a-piece. Aw'st remember that shop when aw bring ahr Mally. When we coom aght they wor just leetin' up th' illuminations. It wor like fairyland; ivverything wor in a blaze o' leet. We walked all th' way back, an' it tuk us a long time, for ther' seemed to be more fowk nor ivver. We'd just getten throo th' crush when aw put mi hand i' mi pocket an' missed mi silk kertchy 'at ahr Mally wor sooa particlar abaat.

Aw wanted to gooa back to seek it but Smith sed it wor nonsense to think o' sich a thing. Well, that wor my drop o' vinegar i' th' day's sweets, an' aw didn't tak' it withaat a varry wry face, but it's nooa use cryin' ovver spill'd milk, sooa aw tried to cheer up. It wor nooa gooid lukkin' glumpy, sooa aw detarmined aw'd mak' th' best ov a bad job, for it wor sewerly worth a silk kertchy to see all aw'd seen that day.

> This world's full o' trubbles fowk say, but aw daat it
>   Ye'll finnd as mich pleasure as pain;
> Some grummel at times when they might do withaat it.
>   An' oft withaat reason complain.
> A fraan on a face nivver adds to its beauty;
>   Then let us forget for a while
> Theeas small disappointments, an' mak' it a duty
>   To try the effect ov a smile.
>
> Tho' th' sun may be claaded he'll shine aght ageean,
>   If we nobbut have patience an' wait;
> An' it's sure to luk breeter for th' shadda ther's been ·
>   Then let's banish sich fooilish consait.
> If we'd nivver nooa sorrow, joys on us wod pall,
>   Sooa awr hearts let us all reconcile
> To tak' things as they come, makkin' th' best on 'em all,
>   An' cheer up a faint heart wi' a smile.

When we gate hooam, as sooin as aw tuk off mi hat, aght tummeld mi silk kertchy, sooa hurryin' mi nooas in it aw blew a triumphant blast, gate mi supper, smook'd a pipe o' 'bacca, sang 'God save the Queen,' an' went to bed

Seventh Day.

"AND the seventh day is the Sabbath." As sooin as aw oppen'd mi een i' th' mornin', aw could tell it wor Sunday. It allus seems to me to be sooa mich quieter nor onny other day, an' aw worn't at all sorry at th' prospect ov a day o' rest: for whativver ye may think abaat what a grand time aw've been hevvin' aw can assure ye 'at ther's monny a easier job nor wanderin' abaat a place like Lundun. Aw couldn't help wonderin' hah Mally'd like gooin' to th' chapel bi hersen, an' if th' childer wor ready for th' Sunday schooil, an' what they wer' gooin' to hev for ther dinner; an' aw felt as if aw'd rayther be at hooam. An' then aw wondered hah Smith spent his Sunday, an' if he made onny difference between that day an' onny other; an' befoor aw went daan to mi braikfast aw'd made up mi mind 'at aw'd do mi best to spent th' day i' sich a way 'at mi awn conscience should be satisfied, an' even awr Mally should ha' nooa reason to finnd fault when shoo gate to knaw; an' if Smith didn't like to gooa wi' me, he could awther stop at hooam or gooa bi hissen.

When aw oppen'd mi box to get aght mi Sunday shirt aw wor capp'd to finnd 'at aw'd nivver gi'en Mistress Smith th' bacon 'at aw'd browt wi' me o' purpose for her, an' aw wor fair sham'd o' misen, for we'd had some to us braikfast ivvery mornin', an' when they wer' crackin' on it aw'd allus sed it wor just middlin', or it's nooan so bad, or summat o' that sooart; for aw thowt it wodn't luk weel for me to keep praisin' mi awn stuff. It's hardly th' reight day to mak' presents aw thowt, but ther's nooa time to loise, an' if it isn't wrang to pool a ox aght ov a pit, it can't be far wrang to pool pairt ov a pig aght ov a pooak; sooa aw tuk it wi' me, an' after makkin' all th' excuses aw could for hevvin' forgetten it, we sat dahn an' made a nice meeal, an' all wor reight ageean.

"Where would you like to go this mornin?" sed Smith.

"Well," aw sed, "aw think aw should like to gooa an' yer Spurgeon."

"The very place I thought of asking you to go to," he said, "and we can take a boat to Lambeth, and then we shall not have far to walk."

"We've plenty o' time," aw sed, "sooa let's start off an' walk to Lambeth, for aw'm sewer it isn't as far as we hev walked monny a time this wick; an' as aw nivver believed i' workin' misen ov a Sunday, aw dooan't see why aw should be a cause o' other fowk hevvin' to work; an' as aw've allus made it my plan nivver to ride i' busses nor booats o' this day, aw think it's too lat' for me to begin."

"But that can make no difference," sed Smith, "for the 'busses and boats will run just the same whether you ride or not, and there are many people who are compelled to ride on the Sunday."

"That may be, but if noabody'd to ride but them 'at's fooarced, they'd be monny a thaasand fowk enjoyin' a day's rest to-day 'at hasn't had one for a long time, an' if aw can't prevent what aw believe to be wrang, aw'm detarmined aw willn't encourage it."

"Then we must walk it," sed Smith, "though I must say I consider the riding in a boat on Sunday as harmless as on any other day."

"Ther's a deeal o' hidden dangers sometimes i' harmless things," aw sed, "an' it's just them 'at leead fowk on to do what isn't harmless. For mi awn pairt aw'm allus suspicious as sooin as ivver aw yer fowk tryin' to prove a thing harmless, for if it wor sooa i' reality, it wodn't need 'em to tak' sooa mich trubble."

"I don't see the force of your reasoning," sed Smith, as we started aght, "but I shall be glad to hear your opinions on such a subject. I don't see why the riding to a place of worship on the Sunday should ever lead to the doing of that which is really wrong."

"Well," aw says, "nah luk here. Tha'rt weearin' a paper collar, but tha didn't allus use to weear one, an' aw dar' say tha'll remember th' furst time tha put one on, hah tha luk'd at thisen i' th' glass, an' wonder'd if onnybody'd be able to finnd it aght, an' if onny chap luk'd at thee tha wor i' hopes 'at he'd think it wor a linen un' an' tha didn't feel quite comfortable, for tha felt as if tha wor sailin' under false colours; but bi th' time tha'd worn one a wick tha didn't care whether fowk knew they wer' paper or net. An' it's just th' same wi' what fowk call harmless things; fowk wodn't do it if they didn't think it wor harmless, but after they've done it a few times they dooan't care whether it's considered harmless or net, an' then they gooa on throo one thing to another, till at last it's hard to tell whether they believe ther's onny harm i' owt. It's like a lad wi' a new penknife—when he gets it at furst he's ommost feered o' cuttin' a bit o' paper wi' it, for fear he'll tak' th' edge off, but in a bit he starts o' whittlin' a stick or makkin' a knor, an' as it gets blunter, he'll use it for diggin' up harenuts, an' it isn't long befoor ye'll finnd him tryin' to chisel his name on a wall-stooan. An' it's just that way wi' a chap's conscience—as long as ther's a fine edge on it it's all reight, but th' blunter it gets an' th' less it's worth, till at last it's nooa vally at all, an' if it isn't lost altogether it's thrawn o' one side to rust i' bits."

"Why, Grimes," sed Smith, " you must want to make people believe you a saint."

"Whoivver thinks sooa mun hev varry little wit, an' they dooan't knaw me as well as aw knaw mysen, for aw've mi share o' faults, an' a big share too; but if noab'dy thraws a stooan at me but them 'at's withaat, aw'm not likely to be mich hurt."

It wor a grand mornin', an' as we crost Chelsea brig th' river Thames luk'd like silver, an' as th' sun shone on it, it wor sooa breet ye couldn't bide to luk at it. Then we went throo Battersea Park—a grand place, moor like a gentleman's pleasur' garden nor a public park. Smith says it occupies 185 acres, an' cost nearly £400,000; but they seem to think nowt abaat that i' Lundun. Th' trees wer' all buddin', an' th' burds singin', an black an' white swans an' ducks an' geese wer' swimmin' abaat in a lake 'at luk'd big enuff for ships to sail in. Comfortable seeats an' shelters wer' scattered abaat, an' ivverything wor sooa nice 'at aw lang'd to stop a bit; but Smith sed we hedn't time, sooa we left it, an' after a long walk, past haases an' shops, mooast on 'em oppen 'an carryin' on ther trade just th' same as if it wor onny other day, we came at last to th' Tabernacle. It's a big buildin', reight enuff, an' it holds a deeal o' fowk, but hevvin' one gallery aboon another gives it rayther th' appearance ov a place ov amusement. Ye get used to that, hahivver, an' it wor sooin varry full.

Ther' wer' some gooid old-fashioned tunes 'at they all seem'd to knaw, an' he's a harder heart nor me 'at could yer sooa monny voices joined for sich a purpose an' net feel touched. As for th' sarmon, it wor varry plain, an' varry full o' comfort an' encouragement, an' aw think noab'dy went away withaat feelin' better for it. When we coom aght Smith met a chap 'at he knew, an' we wer' invited to gooa an' hev a bit o' dinner; an' as we wer' sooa far off hooam, we went. Some cold rost mutton an' puttates an' a rhubub pie didn't come amiss, an' after a bit o' tawk we set off ageean to walk hooam: but Smith sed we'd better gooa into th' City a bit, sooa aw didn't object.

Lundun seen at onny time is a wonder, but nivver hed it luk'd as wonderful to me. What hed become o' all th' carts an' carriages? An', moor nor all, what hed become o' th' fowk? If ther'd been a plague it couldn't ha' luk'd moor desolate. Aw felt like walkin' i' some cemetery wheear trades wer' deead, an' ther' wor nowt left but ther moniments. Nah an' then a solitary 'bus or cab went past, but they luk'd as mich aght o' place as a white hat at a funeral. What hed become on 'em all? Let's hooap they wer' enjoyin' that rest for body an' mind 'at aw'm sewer they stand i' need on. Aw dooan't think aw'd ivver heeard t' saand o' mi booit heels sin' aw'd left Bradford befoor then. An' aw'm sewer ye could ha' fired a cannon throo Temple Bar an' had nooa fear o' hittin' onnybody. It made me feel low spirited to see th' police paradin' back'ards an' for'rads like mutes i' front o' th' haases. Th' streets luk'd twice as long as they'd ivver luk'd to me befoor, an' aw begun to finnd aght th' reason why aw wor allus sooa tired when aw gate hooam ov a neet. When we coom to Hyde Park it wor moor lively, for ther' wer' a vast deeal o' fowk walkin' an' ridin' abaat, an' it suited me to see sooa monny childer wi' their faythers an' mothers. Aw allus tak' that to be a gooid sign, for if they can finnd happiness i' all walkin' aght together ye may be sure ther's a comfortable hooam. It's varry different to see five or six chaps proppin' up th' corner ov a haase, wi' short pipes i' ther maaths, an' ther hands up to th' elbows i' ther britches pockets. As a rule they may ventur' to keep 'em theear, for it's seldom ther's owt else in 'em. Aw couldn't help feelin' as aw wor trudgin' on 'at aw wor older nor aw wor once, for mi legs tuk a deeal o' trailin', an' as aw luk'd at th' childer's breet faces it set me thinkin' o' th' time when aw wor young, an' hah different things wer' wi' me nah throo bi what aw'd made sewer they wod be when aw wor their age. Smith seem'd to hev a quiet spell on him, sooa as we jogged on aw tawk'd like this to misen :—

    Old age, aw can feel, is creepin' on,
      Aw've nooa taste for what once made me glad,
    Mi love for wild marlocks has gooan,
      An' aw knaw aw'm nooa longer a lad.

SEETS I' LUNDUN.

When aw luk back at th milestooans aw've pass'd,
  As aw've thowtlessly stroll'd o'er life's track,
Aw'm fooarced to acknowledge at last,
  'At its mooastly been all a mistak'.

Aw knaw aw can ne'er start ageean,
  An' what's done aw can nivver undo,
All aw've gained has been simply to leearn
  Hah mi hooaps one bi one's fallen throo.
When a lad, wi' moor follies nor brains,
  Aw thowt what aw'd do as a man,
An' aw caanted mi profits an' gains,
  As a child full ov hooap nobbut can.

An' aw thowt when mi beeard 'gan to grow,
  Aw could leead all this world in a string,
Yet it tuk but a few years to show
  'At aw couldn't do onny sich thing.
But aw tewd an' aw fowt neet an' day,
  An' detarmined aw'd nivver give in,
Hooap still cheer'd me on wi' her ray,
  An' aw'd faith 'at i' th' long run aws't win.

A fortun' aw felt wor for me,
  An' joy seemed i' th' grasp o' mi fist ;
An' aw laff'd as aw clutched it wi' glee,
  But somehah or other it miss'd.
Still aw pluck'd up mi courage once moor,
  An' aw struggled wi' might an' wi' main,
But aw'd nooa better luck nor befoor,
  An' mi harvest wor sorrow an' pain.

An' nah, when mi best days are past,
  An' mi courage an' strength are all spent,
Aw've to stand o' one side, an' at last
  Wi' mi failures an' falls rest content.
I' this world some treasure to win,
  Aw've been trubbled, an' tried, an' perplext,

An' aw've thowtlessly rushed into sin,
  An' ne'er cared for a treasure i' th' next.

As mi limbs get moor feeble an' waik,
  An' aw knaw sooin mi race will be run,
Mi heart ommost feels fit to braik,
  When aw think what aw've left all undone.
An' aw've nobbut th' fag end o' mi days,
  To prepare for a world withaat end;
Sooa it's time aw wor changin' mi ways,
  For ther's nooa time like th' present to mend.

It wor pratty near drinkin' time when aw gate back hooam, an' aw wor just abaat finish'd. Mistress Smith sed shoo thowt we mun be lost, an' as shoo nivver ax'd us if we'd hed onny dinner we nivver tell'd her, sooa shoo wor sooin varry threng gettin' summat ready for us. Aw knaw nowt 'at's mich moor comfortin' nor a cup o' warm teah; an' they may call me an' owd woman 'at likes, but aw believe in it. It worn't long befoor aw felt rested, an' varry content. We didn't stir aght ageean, for it hed begun to rain, sooa Mistress Smith gate a book, Smith went to sleep, an' aw settled daan to a quiet pipe o' bacca. Aw dooan't knaw hah long aw sat, but aw think aw mun ha' been hauf asleep, for Smith jumpt up an' upset th' fire-irons wi' sich a clatter wol aw ommost laupt aght o' mi cheer, an' Mistress Smith let her book tummel i' th' assnook an' set up a skrike as if shoo'd a wasp in her earhoil.

"Whativver's to do wi' tha?" aw sed.

"Nothing," he sed, "but I was just wondering where we should go to-morrow."

"Weel, tha needn't mak' sich a racket wi' thi wonderin'"

"I was just thinking, as we've spent so much time going about and seeing how to spend money, it will be a good idea to go and see how they make it. Suppose we go to the Mint, then call at the Tower, and take in the Bank of England as we return, and finish up with a spelling bee?"

"It's reight to me if it's reight to thee," aw sed, "an' if ye've nooa objections aw'll say gooid neet an' get off to bed."

Aw went upstairs, but aw didn't gooa to bed just at furst, for aw felt as if aw'd like to be bi misen a bit; an' although Smith's varry gooid comp'ny, yet ye get stall'd o' th' best o' comp'ny sometimes, an' aw knew aw should have enuff o' him next day. Aw worn't varry cheerful, aw mun say, for aw'd been rakin' up a lot o' unpleasant things 'at had been forgetten for monny a year, an' it made me feel ommost inclined to despair; but aw says to misen, "Sammywell, pluck up, owd man, tha'rt nooan done yet, an' ther's nooa tellin' what luck's i' store for thi."

"Willing hands and light hearts all the world may defy,
    'Tis a sin to be ever despairing;
 We cannot tell what we may do till we try,
    If our conduct be honest and daring.

"'That man is most noble who fights for the right,
  And though vanquished keeps hopeful for ever;
 Though his present be dark, yet is future his bright;
  Then we'll never despair—no, no never!'"

" An' nah," thinks aw, " it's time to gooa to bed. A'a, Mally lass, it's varry looansum; but it's nobbut three days moor, an' then, if all's well, aw'st see thee ageean. Gooid neet, an' God bless ye ivvery one."

" Father supreme! incline Thine ear
  To my unworthy prayer,
 And cleanse my heart from doubt and fear—
  Place faith triumphant there.

" And grant, O God! in mercy grant
  Thy guiding hand to lend;
 And in my breast fresh hopes implant,
  And all my paths attend

" Teach me, O Father! to forgive,
  That I may be forgiven;
 And show me how on earth to live
  Prepared to enter heaven.

" So, when the warning voice shall come
  To call my soul away,
 I may approach Thy spotless throne,
  And live in endless day."

Eighth Day.

AW wor just dreamin' 'at aw'd gooan to seek a job as a boiler-makker, but ther' wor sich a din wol aw couldn't mak onnybody understand what aw had to say, when aw wakken'd, for som'dy wor rattlin' th' door hannel an' thumpin' as if they wanted to braik in. "What's up" aw sed.

"Come on," sed Smith; "it's time to get up, and the breakfast is ready."

"It's nowt o' th' sooart. It's dark yet."

"Come on. It's time we were setting off."

"Aw'll come," aw sed, an' aw gate aght o' bed, wishin' to misen 'at Smith wor far enuff, for aw hadn't hed hauf a sleep.

"What's th' reason o' this?" aw sed, as sooin as aw'd getten daanstairs.

"I thought we would get up in good time and go to Billingsgate market," he sed; "and, as I couldn't sleep, I came downstairs and made a nice breakfast for us before we set out."

"Tha'rt varry kind," aw sed, "but what time is it?"

"Just four o'clock."

"Then tha can eyt thi braikfast an' gooa to Billingsgate bi thisen, for aw'm gooin back to bed. Aw mak' nowt o' gettin' up i' th' middle o' th' neet."

But he sed it wor sich a wonderful seet, an' we couldn't see it at onny other time, wol aw decided that, as aw'd getten up, aw'd stop up.

Whativver else Smith may be, aw cannot say aw think mich on him as a cook, for th' coffee wor like gruel, an' th' tooast wor burnt to a cinder, an' th' bacon he'd recon'd to fry wor like brandysnap ; but he seem'd to enjoy it just as mich as if it hed been all reight, sooa aw sed nowt, but supt mi coffee an' left th' tooast an' th' bacon for him.

"Get something to eat, Grimes," he sed, "it's a cold morning."

"Aw'm doin' varry weel," aw sed, "this coffee's booath meyt an' drink."

"It's good coffee is this. I always pride myself on making a good cup of coffee."

"Tha does reight," aw sed, "an' as long as tha sups all tha mak's ther's noab'dy nowt to do wi' it; but for mi awn pairt aw'd rayther net hev onny moor."

"Well, then, I'll take a cup up to Arabella."

"Ay, do, an' tak' her a knife an' fork, for aw'm sewer if it's onny thicker nor mine shoo'll need 'em."

He nobbut laff'd, an' sed aw didn't knaw what wor gooid, an' bi th' time he'd coom daan aw'd getten ready for off. It wor a bitter cold mornin', but aw wor capt to see sooa monny fowk walkin' abaat. We'd a long smart walk, an' bi th' time we drew near to Lundun Brig it wor as threng as it is i' th' middle o' th' day i' Bradford. But it wor easy to see 'at they wor all ov a hard warkin sooart, except heear an' theear one 'at luk'd sooa miserable, whol aw wonder'd they didn't jump into th' river, an' put an end to ther sorrows an' sufferins at once. They seem'd mooastly to belong to that class 'at wodn't wark when they could, an' couldn't nah if they wod. As we kept threeadin' throo a lot o' narra streets it gate thronger still, an' men an' wimmen wi' baskets full o' fish o' one sooart an' another wer' ommost bent double wi' ther looads ; yet they kept on' at a sooart ov jog trot, an' carts an' waggons wer' rollin' away wi' as mich fish as aw thowt should satisfy all th' fowk i' England. "Wheear are they takkin' all that to?" aw ax'd.

"That is principally for the country. No doubt some of your friends may make a supper off some of that to-night. Here's the market; let us go in at once, for we are rather late."

We shoved in as weel as we could, an' it wor a seet aws't long remember. Ther' wor scoors o' waggon looads, an' they wer' pil'd up like silver maantens on ivvery side. Chaps wor stood up sellin' 'em bi auction, an' hundreds o' fowk wor fillin' hampers an' takkin' 'em away, an' hah they could tell who bowt 'em an' who gate 'em aw dooan't knaw, for it seem'd to me as if ivverybody tuk what they liked an' wheear they liked, an' walk'd off withaat sayin' owt to onnybody. It isn't a place aw should recommend onny fowk to go to wi' a empty stummack, at least not unless they're fonder o' th' smell o' fish nor me; for in a bit aw began to feel rayther squeeamish, as awther Smith's coffee or summat else didn't agree varry weel wi' me, sooa aw says, "Let's gooa."

"Are you going to be sick?" he sed, when he saw mi' face.

"Nay, aw think aw am sick," aw sed, an' aw leined mi heead ageean a pooast for a bit. It didn't need Smith to say "Come on," for aw wor as anxious to get away throo that neighbourhood as if ther' wor a shark after me. Aw dooan't think aws't ivver care for th' smell o' fish ageean as long as aw live. Aw gate a bit o' bacca to change th' flavour, an' then we went into a place to get a pint o' "'arf an' 'arf," as they call it, an' a bit o' cheese an' breead wor varry acceptable.

We wer' clois to th' Tower, sooa we went to hev' a luk at it aghtside, for we wer' rayther too sooin to get in. Why, it's ommost as big as a little taan, an' aw'm sewer ther's been as mich stooan used to build it as wod build a taan of a varry deeacent size. It covers twelve acres inside th' walls. But ther's nowt

warlike abaat it, for it stands as solemn-lukkin' as if
it wor a cathedral; an' th' garden all raand it whispers
peeace. Smith pointed aght th' mooat, 'at used to be
full o' watter; but it's dry enuff nah, an' fowk wer'
walkin' abaat i' th' bottom as unconsarned as if they
wer' i' th' street. Ther' wor a sowger walkin' back-
'ards an' forrads i' th' front o' th' gate: but we went
in, an' ther' wer abaat a duzzan waitin' for th' guide;
for o' Mundays they booath let ye in for nowt an'
finnd a chap to gooa wi' ye an' explain ivverything.
He coom directly, an' then he tuk us to th' White
Tower, which he says wor built i' 1076, an' it wor
thowt 'at some pairts wer' hundreds o' years owder
nor that.

"That's old enuff to satisfy me," aw sed, "ger
on wi' thi shewin'." Then he led us into a big raam
'at fairly dazzeld me, an' ye'll net wonder at it when
aw tell ye ther' wer' complete suits o' armour for
aboon 100,000 men, an' sed to be worth £700,000;
an' they wer' all as breet as if they'd been bowt new
that mornin'; an' th' way they wer' planned wor th'
mooast wonderful thing aw ivver saw. Ov all th'
pictur' galleries aw'd seen this wor th' best, an' hah-
ivver all them pistols an' soords an' baynets an' ram-
rods hed been getten i' sich shapes 'll be a puzzle to
me as long as aw live. Then we went into another
raam, wheear ther' wer' arms for 10,000 seamen; an'
under this wor another, 380ft. long an' 50ft. wide,
booath sides filled wi' cannons, an' ovver yer heead

wer' harnesses for 4000 horses, an ivverything withaat a speck o' dust. Ther' wer' flags o' all nations, some on 'em ommost riven i' bits, an' all along wer picturs o' battles 'at luk'd sooa reeal wol ye could ommost smell th' gunpaader. Then we went to th' Horse Armoury, an' all aw can say is, 'at twenty waxwark shows rolled into one couldn't come near it. Ther' wer' all th' kings o' England, throo William th' Conqueror to George th' Second, all o' horseback, to say nowt o' scoors o' figures 'at wer' standin' Then he tuk us to Queen Elizabeth's Armoury, an' theear under a purple tent wor gooid Queen Bess hersen sittin' on a cream-coloured horse just as nat'ral as life. Ivverything raand abaat wor glittrin', tho' ther' wer' some things 'at ommost made mi flesh creep, sich as th' axe 'at they used to chop ther heeads off wi', if they'd happen'd to do owt wreng, an' sometimes if they hedn't. It mun ha' been hard physic to tak', but it wor a sure cure, for they allus behaved thersen at after. Ther' wer' a lot o' horrible things 'at hed been invented to torment fowk wi', an' aw couldn't help thinkin' 'at chaps spent ther time better at this day inventin' cooamin' machines an' paar looms. But it's nooa use me tryin' to tell ye mich abaat it; all aw do is to advise ye to see it for yersen as sooin as ye've a chonce. As we went to see th' jewels, he pointed aght th' thickness o' th' walls. They wor nobbut fourteen feet, but ther's net monny built that thickness at this day; for when awr Mally drives a nail into th' wall o' awr haase, shoo awlus hes to gooa into th' next door naybor's to clench th' point o' th' other side. Th' jewels wer' all in a gurt glass case i' th' middle ov a stooan raam, an' it's cappin' what a lot o' jimcracks ther' is o' one sooart an' another. Queen Victoria's craan, he sed, wor worth £111,900, an' that wor a trifle compared to some. Then he tell'd us a long rigmarole abaat fowk 'at had been murdered, an' aw wor baan to tell ye all he sed, but Smith sed ivvery little lad knew that, sooa aws't say nooa moor. It's nooan allus been sich a grand thing to be a king or a queen as it seems to be nah, an' aw dooan't knaw but what aw'd rayther be as aw am nor run th' risk o' loisin' this heead o' mine, even if ther' isn't mich in it, for aws't nivver be likely to finnd another at'll luk as weel o' mi shoolders.

   Aw've nooa desire to be a king :
    Craans an' comforts disagree ;
   Cares 'at wealth an' titles bring,
    Hev nooa temptin' charms for me.

   Th' moor ye hev an' th' moor ye want,
    Th' moor ye get an' bigger th' loss :
   Him 'at wears a craan mun pant,
    Under th' weight o' monny a cross.

   Happy him 'at rests content
    Wi' his daily wants supplied
   Takkin' fortun' as it's sent—
    In his station satisfied.

    Blest wi' health an' strength to mak'
      Just enuff to pool him throo;
    Puttin' far behind his back
      Things wi' which he's nowt to do.

    'Tisn't gold an' silver stoor
      Gives fowk happiness; alas!
    Noab'dy's to be pitied moor
      Nor a slave to makkin' brass.

    Hooardin' up for days an' years
      Things throo life he ne'er enjoys;
    Worn wi' longin's, crushed wi' fears;
      Happier him 'at's nowt to loise.

When we coom aght we went to th' Mint. It's a big buildin', cloise at hand, an' it might be considered varry hansum in a place like Pudsey, but it doesn't cut mich ov a shine here. It's th' engine 'at keeps th' country's machinery gooin' for all that. Smith pool'd a piece o' paper aght ov his pocket, an' show'd it to a policeman, an' he sent us throo a gate, wheear we met another chap, an' he pointed us to a door, wheear we'd to show it ageean, an' then a smart young chap coom an' sed we'd to folla him. Why, aws't nivver think hawf as mich abaat brass ageean! They mak' it heear just same as makkin' mint drops. Ther' wor one machine rollin' aght gold just as if it wor treeacle toffy, an' another wor makkin' sixpences at th' rate o' sixty a minnit. Two shillin' pieces wor rollin' aght ov another just as fast as ye could caant 'em, an' th' lads 'at wor tendin' th' machines seem'd

to think nooa moor abaat it nor if they wer' card-
settin' Then he show'd us wheear gold wor piled
up like little bars o' sooap, an' he gav' me one into
mi hand—an' it's a wonder aw didn't let it drop o'
mi' tooas, for it wor five times as heavy as it luk'd.
Aw thowt as he wor so varry accommodatin', 'at
he'd happen gi'e me a handful o' new soverins, just
as a sample, but aw suppooas he didn't think on it,
or happen he wor feeard o' insultin' me; at onny
rate he didn't try it on. When we coom away aw
sed to Smith it wor a queer thing 'at ther' should
be sooa monny fowk wantin' brass, an' they could
mak' it at that rate; but he sed nowt, an' aw
nooaticed his een wor twinklin' first o' one side an'
then o' th' other.

"Come on," he sed, an' led th' way wheear we
could get summat to swill th' gold dust aght ov us
throits. Then we'd to run after a 'bus, an' i' a short
time we wer' at th' Bank o' England. Aw didn't feel
varry anxious to gooa inside, nobbut just for th' sake
o' sayin' aw'd been in : for aw'd seen enuff brass for
one day, an' a chap can nooa moor fill his purse wi'
gooin' to th' Mint nor he can fill his belly wi' starin'
in a cook's shop. Fowk wer' rushin' in an' aght, sooa
we went in amang. Chaps behind th' caanter wer'
handin' aght five paand nooats as if they wer' 'liverin'
bills, an' one chap wor shoovlin' aght soverins as if
they wer' sugar, an' he didn't tak' th' trubble
to caant 'em, but shot 'em into a scale an'

weighed 'em. Aw dooan't knaw hah mich they wer' a pund, but if aw'd abaat hauf a stooan aw sud ha' felt better able to face awr Mally when aw gate back."

We wandered abaat for a while, but aw wor glad to get aght, an' nooa wonder, for it wor ommost four o'clock, an' aw'd nivver hed a reight meyl sin' aw gate up. Aw'm nooan like Smith; aw want mi meyt reglar. Ther's one gooid thing, ye havn't far to gooa to seek owt o' th' sooart, an' it didn't tak' long to set that matter all reight, an' after we'd hed as mich as we could tuck in, we went into a nice comfortable raam an' sat daan to enjoy a rest an' a smook befoor startin' for th' Spellin' Bee. Aw dooan't knaw whether ye've ivver been to a spellin' bee or net, but aw nivver hed, an' this suited me to nowt. It worn't one o' yer aristocratic affairs; it wor nobbut a little schooil-raam, an' ther' wor three prizes to be tried for. Th' first prize wor a London Directory for 1862, an' a rare big book it wor, an' onnybody 'at's fond o' that sooart o' readin' could get a bellyful. Th' second wor a flint an' a steel an' a tinder box, an' th' third wor a shoehorn; an' aw wor glad to see 'at they wor all useful articles, an' net sich fooilish things as they give sometimes. Ther' wer' nobbut two lads an' a lass hed entered, sooa they wor sewer to win summat; but ye could see they wer' all detarmined to hev th' big book, an' nooan on 'em gav' a luk at th' shoehorn. Ther' wor to be some mewsic an' singin' to mak' things pleasanter, an' th' cheerman, a little fat chap, wi' a varry big maath an' a varry waik voice, sed he had to apologise for the absence of the piano, but it would not make much difference, as a kind friend had lent them a musical box that played some very nice tunes, and before the spelling commenced he thought it would be advisable to have a little harmony. Sooa he waand it up, an' a rare gooid machine it proved to be, but after it hed been gooin on for abaat fifteen minnits an' hed played all th' tunes twice ovver, they thowt it wor abaat time to stop it, but it wor varry plain to be seen 'at nooan on 'em understood it, sooa wol it wor tinklin' away at "Tommy make room for your uncle," they tuk it into th' vestry to mak' room for summat else. Then th' cheerman call'd for th' Reverend Archibald Dumps to ax questions. He sed " He should not try to puzzle them, or confuse them in any way, but select only the simplest words in every-day use," sooa he began, an' theeas wer' what he ax'd one after th' other:— Astrolabe, tophaceous, pneumatics, opsimathy, metheglin, phlegm, an' frumentarious; an' if they hedn't spell'd 'em aw'm sewer aw couldn't ha' helpt 'em, but they just tuk 'em as nat'ral as if they'd nivver swallow'd owt but spellin' books an' dictionaries sin' they wor born. When he began scrattin' his heead aw thowt it wor gooin' to be a tough do; then he studied a bit an' whispered to th' cheerman, an' then set daan. Up jumpt th' cheerman, an' wink'd at us 'at wer' i' th' front seeats, as mich as to say, "Nah for it," an' poolin' in a long breeath he sed, "spell transmagnificanbandanjuality." That's a sattler, aw thowt, an' th' reverend gentleman oppened his een an' pool'd a book aght ov his pocket, an' seemed to be seekin' for it; but he'd nooa need, for th' first lad spell'd it withaat a mistak' He waited a bit, an' seem'd to be wonderin' what to ax next, an' at last, in a varry desperate sooart ov a way, he sed, "Spell pudding." "Pudden," shaated aght one. "Wrong." "Puddin'," sed th' next. "Wrong again." "Pudding," sed th' little lass, sooa they gav' her th' directory. "Garden" wor th' next word, an' as one spelt it "garding" he gate th' shoehorn, an' th' other 'at spelt it reight walked off wi' th' flint an' steel an' th' tinder-box. Then th' singin' hed to begin, but th' young chap 'at wor called on sed he couldn't sing withaat mewsic, sooa they fotched th' mewsical box back ageean, an' waand it up, an' as he began, "Mother, I'm come home to die," it struck up, "Slap bang, here we are again," an' although he tew'd hard to get throo wi' his deein', th' mewsic wor too mich for him, for he could nawther dee at his mother's nor onnywheear else to sich a tune as that sooa he gav' it up, an' as he walked off th' platform lukkin at th' box as if he'd like to send his fooit throo it, it changed th' tune to "Oh, dear, what can the matter be." Ivverybody crack'd aght o' laffin', an' when th' cheerman gate up to propooas a vooat o' thanks, aw nudged

Smith, an' we slipt aght just as th' box struck up, "We won't go home till morning."

When we gate hooam ther' wor a nice supper ready, an' we did justice to it, an' after hevin' arranged to start i' th' mornin' an' hev a gooid luk at shop windows to see what to buy to tak' hooam for Mally an' th' childer, an' Mistress Smith promisin' to gooa wi' us if it wor a fine day, aw went to bed an' fell asleep, wonderin' hah to spell anthropophagi.

Ninth Day.

IF Mistress Smith could ha' made th' weather hersen, shoo couldn't ha' made it a grander mornin' nor this, an' befoor aw'd made up mi mind to turn aght o' bed aw could hear that swish, swish, swish, 'at tell'd me shoo wor up an' hed getten her new gaon on. Ting-a-ling, ting-a-ling, went th' bell at th' bed heead, sooa aw up in a minnit, laup'd into mi clooas as sooin as aw could, an' join'd 'em daan stairs.

"Have you decided what you will buy for Mrs. Grimes?" shoo ax'd.

"Nay, mistress, aw hevn't, an' to tell th' truth aw'm a sooart o' fast ameng it, for aw nivver bowt her owt i' mi life nobbut a weddin' ring."

"Suppose you buy her a pair of ear-rings?"

'Nay, aw'll nooan buy her owt to eyt, an' if aw'd wanted to buy her some fish aw shouldn't pick yearins."

"Not herrings, Mr. Grimes. I mean ear-rings like these," an' shoo pointed to some blue beeads 'at dangled at th' side ov her neck.

"A'a, ye dooan't knaw ahr Mally; if ye did ye'd nivver tawk abaat sich things. Aw've been tryin' to think what shoo's mooast i' need on, an' aw caan't remember nowt nobbut a clooas-prop, an' aw saw some to sell th' other day; but ye see they're rayther awk'ard things to tak' in a railway carriage."

"That will never do; you must buy them something that will be nice as well as useful. But what are you going to buy for Hephzibah?"

"Well, aw hev thowt aw'd buy her a pund o' grey worset to knit me a pair o' stockin's for t'next winter."

"But that would not be buying her anything; that would be making a present to yourself."

"Well' reight enuff, but then shoo'd hev th' fun o' knittin' 'em, but aw think ye'd best pick for 'em, an' aw'll pay."

"How much do you intend to spend?" sed Smith.

"Why, aw want to do th' thing deeacent, sooa suppooas we say two shillin' for Mally, an' a shillin' a-piece for th' childer—that 'll be five shillin'"

"Nay, that will never do; you cannot buy anything fit to take home for that amount," sed Smith.

"Aw'm nooan to a penny or tuppence," aw sed.

"That's all right, my dear," sed Smith, "Mr. Grimes is quite prepared to leave it all to your judgment, so as soon as you are ready we will go to the Burlington Arcade, and you can point out what you think most suitable."

It didn't tak' Mistress Smith long to get ready, aw can assure ye, an' aw will give her credit for bein' moor anxious abaat it nor aw wor misen. We turn'd aght o' doors an' into a bus at th' end o' th' street, an' wer' sooin' at th' place. It wor just a long wide passage wi' shops o' booath sides, an' a varry deeal o' nice things ther' wer' in 'em, but if aw wor fast what to buy befoor, aw wor ten times as fast nah, Mistress Smith saw monny things 'at wer' just suitable for Mally an' Hepsabah, an' Smith pointed aght sich a lot for Ike an' Ezra, wol at last aw sed, " Ye just buy what yo've a mind, an' mark 'em wi' ther names, sooa as aws't knaw who they're for, an' aw'll pay for 'em." Shoo didn't need another word, but in shoo baanc'd, an' wol Smith an' me wer' lukkin' at a new fashioned maase trap shoo'd getten as mich stuff anent her as 'ud start a little bazaar. It didn't tak her long to bargain, an' shoo touched me o' th' elbow an' whispered that it wor all reight, shoo'd bowt summat for eeach one, an' getten 'em varry cheeap. "He's just making out the note," shoo sed, " and when you have settled it I will take the things home, and you can spend the rest of the day as you like."

Th' chap browt th' nooat an' shoo handed it to me an' sed, "Now, I call that very reasonable;" an' Smith gave a squint at it an' sed, "Remarkably cheap;" but as he knew nooa moor what shoo'd bowt nor aw did, aw thowt it 'ud ha' seem'd him as weel to hod his tongue. But aw did think it wor varry moderate, an' aw caanted aght one an' elevenpence, an' thowt aw'd getten off as cheeaply as aw could expect. But shoo pointed to th' nooat, an' whispered, "One pound eleven."

"Why, aw can nivver affoord it!" aw sed, "ye must think aw'm made o' brass! Why it's ommost a quarter's rent!" But what could aw do? aw wor fooarced to pay it, an' aw didn't even knaw what for. But aw'll bet th' next time aw've owt to buy aw'll buy it misen. As sooin as aw'd paid it, shoo bid us gooid mornin' an' left us, an' aw says to Smith, "It's a gooid job, lad, 'at aw've to gooa hooam to-morn, for if aw'd mich longer to stop aw should be baght brass."

"Never mind that," he sed, "if you run short I'll lend you some;" sooa we walked on till we coom to Trafalgar Square, an' then we went into the National Gallery. Aw think Smith wor determined to gi'e me a surfeit o' picturs, an' aw'm sewer aw've seen moor this past wick nor aw should ha' believed hed ivver been painted. But ther' wor some grand uns here, an' nooa mistak'! To say 'at it'll tak' a month to see all 'at's i' this buildin' is to put it at a low guess. We did nowt but walk throo one raam after another withaat stoppin' to luk at owt particlar, but ther' wor some on 'em 'at aw could ha' spent a whole day starin' at, an' even then come away unsatisfied.

As th' time wor drawin' varry nigh for me to be biddin' gooid bye to this wonderful city, Smith sed he thowt we couldn't do better nor pay a visit to th' Alexandra Palace, an' aw'd nowt to say ageean it; for after payin' one paand eleven for a handful o' laikins, aw thowt aw could affoord owt. It's a rayther long ride to Muswell Hill, but it's through sich a bit o' grand country, 'at it's net likely to tire ye, an' as aw luk'd aght o' th' carriage winda it wor hard to believe 'at aw wor within a mile o' two o' th' throngest corner o' th' world. Nowt hes capp'd me moor durin' mi visit nor th' beauty o' th' trees an' gardens, an' public pairks, 'specially considerin' th' time o' th' year, for aw'd heeard sich tales abaat fowk bein' born i' Lundun, an' livin' to be ow'd fowk an' nivver seein' a green field or a tree, wol aw expected sich things to be rarities. But it isn't sooa, for ye caan't gooa varry monny yards i' th' busiest streets withaat finndin' plenty on' 'em. But as big a place as it is, an' as monny fowk as ther' is in it, it's still a puzzle to me to tell ha' sooa monny finnd time an' brass to suppoort all th' places ov amusement 'at swarm in an' abaat it.

Th' Alexandra Palace isn't to be called a little buildin,' for it covers ommost eight acres, besides th' hundreds o' acres raand abaat it for pleasur' gardens. It's varry different to th' Crystal Palace, although it's used for mich th' same purpose. Th' centre hall hes seeats for 12,000 fowk, besides an orchestra for 2000 moor. Ther's a concert hall 'at seeats 3500, an' a theayter 'at hods ommost as monny. An' theeas are nobbut places 'at it's quite possible to pass an' nivver knaw they're theear. But, although ther's sooa mich 'at's wonderful an' beautiful inside, ther's a deeal moor aghtside. As far as ivver ye can see, o' ivvery side, ther's th' grandest panorama 'at ivver yer een luk'd on. Fields an' woods an' hills an' lakes, an' all just as trim as if they wer' put under a glass case. Statties, picturs, faantans, an' all th' thaasands o' curiosities didn't pleease me like this. Aw felt as if aw wor in a balloon, an' it reminded me o' th' time when aw'd stood at th' top o' Kilnsey Crag, an' prided misen 'at ther' worn't a caanty but mi awn 'at could unfold sich a pictur' But this seemed just as far away throo bustle as even that hed seemed. Miles away ther' wor a black claad 'at Smith sed wor Lundun smook, but it wor too far off to spoil it. Then we hed a stroll throo th' gardens an' into th' Japanese Village, a funny lukkin' consarn, an' worth seein', but if that's th' way they build ther haases they've a deeal to learn yet. When we coom to th' lake, Smith wor all for a booat ride, sooa we gate into one, a bit ov a cockle-shell sooart ov a thing, an' hed a sail raand th' lake. Aw let Smith do all th' rowin', as he seem'd fond on it, an' aw lit mi pipe. It's a nice sheet o' watter, rayther moor nor five acres, sooa bi th' time he'd row'd raand three times his back began to wark a bit, an' he ax'd me "if aw hedn't hed enuff?" "Nay," aw says, "give us another turn, it just suits me," sooa he went at it wol th' sweeat roll'd daan his face, but aw thowt aw saw a chonce to pay him off for some of his "come on's" 'at aw'd hed to put up wi', sooa aw sed, "Du just gooa raand another time, Smith, it's sooa grand is this." He luk'd me as streight as he could, an' went at it ageean—he's a varry obligin' chap is Smith—but aw could see he wor ommost done, an' aw couldn't help laffin', but when we coom to th' stoppin' place aw sed, "Once moor, Smith, nobbut once."

"Not if I know it," he sed, an' befoor aw could say Jack Robinson he wor aght o' th' booat an' tuk th' oars wi' him; but wi' springin' aght sooa suddenly he gav th' booat a shove, an' off it went ov it's own accoord, an' me wi' it. One o' awr wool-sooarters used to sing "Rock'd in the cradle o' th' deep," an' aw dooan't knaw hah deep that wor, though he hed to dive a long way daan for th' low nooats; but unless his creddle wor a stronger built piece o' furnitur' nor my booat, aw've nooa fancy to join him at his rockin' Aw yell'd aght to Smith, but he shook his heead an' sed he'd hed enuff; aw believe he'd fun it aght 'at aw'd been laffin' at him, an' he wor detarmined to be revenged; an' as aw could see noab'dy else onnywheear abaat, aw began o' thinkin' what aw should hev to do if aw wor left theear all neet. Then aw thowt o' Mally; aw allus think o' her when aw'm in a mullock. In a bit Smith call'd aght 'at aw'd better swim, an' he knew aw couldn't swim. Aw could dive weel enuff, but aw worn't sewer abaat coomin' up ageean. He lit his cigar, an' then walked away wi' his hands in his pockets, an' he tuk nooa nooatice o' me shaatin' Things began to luk serious, an' aw couldn't help misen a bit; but all at once aw felt summat gie th' booat a pool, an' aw luk'd raand, an' theear wor Smith. It seems it hed drifted quietly to th' other side, an' aw'd nivver fun it aght; but aw felt thankful when aw stood o' solid graand once moor. Th' wind began to blaw cooiler, an' as we'd a long way to gooa, we just hed another luk raand, an' a pooark pie an' a bottle o' ale, an' then set off hooam.

It's hardly to be wondered at if aw wor ommost sick o' shows o' one sooart an' another, or 'at aw felt anxious to sit daan quietly for a bit; besides, aw wanted to luk at what Mistress Smith hed getten for one paand eleven. It wor ommost dark when we gate to th' city, an' to mend matters it begun to rain, an' promised to be just as miserable as th' mornin' hed been pleasant; but nowt 'ud satisfy Smith but gooin' for another walk throo th' streets, for he seems nivver to get wearied, an' reight enuff ther's allus summat fresh to see. But it's like some o' th' picturs aw'd hed pointed aght to me i' th' mornin'—ther's some dazzlin' leets, an' some **varry dark shaddas.** As we stood waitin' for a chonce to cross th' street, aw heeard a waik little voice singin', an' aw hed to luk all raand befoor aw could finnd wheear it coom throo, an' at last aw spy'd a little bit ov a hauf starved child standin' cloise to me. Aw harkened to heear what shoo wor singin', an' it wor,

> "Little children, little children,
>   Who love their Redeemer,
> Are the jewels, precious jewels,
>   His loved and His own.
> Like the stars of the morning,
>   His bright crown adoring,
> They shall shine in their beauty,
>   Bright gems for His crown."

If ivver aw felt misen to be a scamp an' desarve a gooid lickin' it wor just then. What a trifle even aght o' what aw'd needlessly spent that day, wod ha' gi'en a world o' comfort to that poor craytur! Th' warst on it is fowk satisfy ther awn desires for pleasur' furst, an' regret they didn't spend ther brass i' a better way when it's gooan. Aw pointed her aght to Smith, an', although he nivver reckons to care owt abaat sich things, it seem'd as if his nooas tuk a deeal o' attendin' to for th' next two or three minnits. Aw spake to her, but shoo hardly seem'd to understand me as aw sed :—

> Gooa hooam, tha little drabbled brat,
>   Tha'll get thi deeath o' cold ;
> Wheear does ta live ? just tell me that
>   Befoor aw start to scold.

SEETS I' LUNDUN.

Tha'rt sippin' wet, dooan't coom near me,
    Tha luks hauf-pined to deeath;
An' what a cough tha hes!—dear me!
    It ommost tak's thi breeath.

Them een's too big for thi wee face,
    Thi curls are sad neglected;
Poor child, thine seems a woeful case,
    Nooa wonder tha'rt dejected.

Nah, can't ta tell me who tha art?
    Tha needn't think aw'll harm thee;
Here; tak' this sixpence for a start,
    An' finnd some place to warm thee.

Tha cannot speyk; thi een, poor thing,
    Are fill'd wi' tears already;
Tha cannot even start to sing,
    Thi voice is sooa unsteady.

It isn't long tha'll hev to rooam,
    An' sing thi simple ditty;
Tha doesn't seem to be at hooam
    I' this big bustlin' city.

It's hard to tell what's best to be
    When seets are sooa distressin';
For sich poor helpless bairns as thee
    Deeath seems to be a blessin'.

Some heear thi voice, an' pass thee by,
    An' feel nooa touch o' sorrow;
An' may be them 'at heeave a sigh
    Laff it away to-morrow.

For tha may sing, or sigh, or cry;
    Nay, tha may dee if needs be,
An' th' busy craad 'at hurries by—
    Streeams on an' nivver heeds thee,

> But ther' is One heears ivvery grooan
>   We needn't to remind Him,
> An' He'll net leeav thi all alooan ;
>   God give thee grace to find Him.
>
> An' may He send His angels daan,
>   Thi feet through dangers guidin',
> Until He sets thee in His craan,—
>   A gem in light abidin'.

Smith gav' her another sixpence, an' it's hard to tell whether shoo wor mooast pleeased or terrified, for shoo claspt her little fingers—if ye could call sich bits o' booans fingers—tightly together, an' ran off, lukkin' back at ivvery few yards as if shoo wer' feeard we should folla her to tak' 'em back. We squeeazed into a bus, an' wet an' uncomfortable, we managed to get hooam. Mistress Smith made up a gooid fire, an' we put on warm slippers, an' after supper set daan to hev a bit o' tawk, as it wor th' last neet we should hev together for a long time. We luk'd at what Mistress Smith hed bowt, an' ther' wor a workbox for Mally, far too han'som to be useful, but a varry nice ornament, a writin'-case for Hepsabah, an' a leather case for eeach o' th' lads, wi' a cooam an' brushes an' razors in, but they're net likely to be o' mich use, for ther whiskers hevn't grown yet. Aw've nooa daat th' things wor cheeap enuff, an' if aw'd gooan to buy 'em misen aw mightn't ha' done as weel. Aw'm sewer Mistress Smith wor satisfied, sooa if Mally an' th' childer's suited aws't nooan grummel.

We'd a varry comfortable neet, an' we tawk'd ovver old times wol it ommost made me feel young ageean, an' when we wer' ready for bed aw couldn't help spaatin' a bit:—

> We'll ne'er forget times past, my friend,
>   Days gone for ever;
> Each one completed in its end,
>   Returning never.
>
> The sun has shone on many morns,
>   To cheer our journey;
> And storms have whistled out their scorns,
>   At Life's rough tourney.
>
> Friends we have met lie low in dust,
>   Warm hearts are crumbling,
> Whilst we still hold Life's weighty trust,
>   In spite of stumbling.
>
> Lessons the heart would fain forget,
>   The world has taught us;
> Experiences that we have met
>   Have wisdom brought us.
>
> Still, let us not unthankful feel,
>   Fate has dealt kindly;
> Remembering that Fortune's wheel,
>   Is guided blindly.
>
> The spoke has had an upward move,
>   Although perhaps slowly;
> Yet in the end our lot may prove,
>   More firm, if lowly.
>
> Then let us keep light hearts, old friend,
>   And may we never
> Lose faith, until we reach the end
>   Of Life's rough river.

Tenth Day.

AW wor up i' extra gooid time this mornin', an' whether aw wor mooast pleeased or grieved when aw thowt abaat leeavin' aw cannot tell. One thing suited me, an' that wor to finnd 'at nawther Smith nor his wife wor anxious to get shut on me. Aw hed to leeave theear sooin after ten o'clock to catch th' train 'at left at nooin, an' it tuk me ommost all mi time to get mi box ready an' pack up all th' things aw'd bowt for Mally an' th' childer, an' wol aw wor dooin' that Smith sent a telegram to tell 'em what time to expect me. When all wor ready, Mistress Smith sed shoo wor sorry aw couldn't stop any longer, but hooap'd it wodn't be long befoor aw paid 'em another visit an' browt Mally wi' me."

"Well," aw says, " aw think aw've done varry weel for this time, an' ye needn't expect to see me ageean till your Smith hes browt ye to spend a few days wi' us, an' aw'm sewer aw can promise ye as warm a welcome as your hearts can wish. Aw knaw you've hed a deeal o' trubble wi' me, an' aw've put ye to a gooid deeal o' expense, but aw'll do as mich for ye when ye coom, for aw'll loise a wick's wark just o' purpose to walk ye abaat.

"I really don't know what to say about it," sed Smith; "I don't know how I can spare the time, though I know I should enjoy it very much."

"Well, if tha's onny wark to attend to aw'll forgi'e thee, but seein' tha's nowt to do for a livin' nobbut hallock abaat, aw think th' excuse a varry poor un; but what do ye say, mistress?"

"Take no notice of him," shoo sed, "he always spends more time considering a thing than another person would in doing it. I've made up my mind to pay you a visit this summer if I live as long."

"That's all reight, then," aw sed, "an' if yo're deead we'll net expect ye."

A cab drave up to th' door, an' aw gate mi box safely on to th' top, an' makkin' sewer o' mi silk kertchy, aw tuk mi hat i' mi hand an' went to bid Mistress Smith gooid bye. Yo'll happen laff when aw tell ye shoo'd tears in her een, but it's a fact, an' shoo shook hands wi' me withaat speykin' a word an' aw could see shoo wor fair full o' trubble. It's queer hah different some fowk are throo bi others. Nah, when aw left awr Mally, an' aw bid her gooid bye, shoo sed, "Ger off wi' thee, an' gooid shutness." It's a wonderful thing, is human natur', an' aw dooan't knaw whether ther' isn't summat i' that Haworth blooid after all.

Smith an' me gate into th' cab an' away it rattled, an' th' chap 'at set o' th' dickey wor as unconsarned as if he wor drivin' a looad o' muck. Smith wor varry quiet for a bit, an' then he brust aght wi' "It's a pity you are forced to go back so soon, why, you have seen nothing yet. Be sure and come again and bring Mrs. Grimes, we'll make you welcome."

"Nah," aw says, "tha needn't freeat, for as sooin as ivver aw can affoord it, an' can persuade awr Mally, aw'll come ageean: but ye mun come to Bradford furst. Tha's nooa idea what a grand place it is nah. It's nooan a taan to be 'shamed on, an' Mistress Smith can gooa and see her relations, an shoo'll be capt to see hah mich Haworth church steeple hes grown sin' she left it."

"Come on," he sed, "this is the station," sooa we gate aght, an' a poorter tuk mi box, an' as we'd twenty minnits to spare we went to hev a partin' glass. "Here's your health," sed Smith, "and I wish you a safe journey." "Same to thee, an' may we sooin' hev another jolly time together. Tha knaws aw wor allus fond o' thee Smith, an' aw'm sewer aw nivver enjoyed misen as mich i' mi life; but let's see if th' train's ready, for aw wodn't be left for a paand." We went back, an' Smith gave a chap thrippence to unlock th' door ov a carriage 'at hed cushions on th' seeats an hauf way up th' back, an' aw wor sooin' all comfortably settled. Then he hurried off, an' in a minnit wor back wi' a paper beg full o' sandwitches, an' little curran' cakes, an' a bottle full o' brandy, an' he shov'd 'em into mi hands, an' off he went ageean, and coom back wi' a newspaper an' two cigars an' a box o' matches. "Howd on!" aw says, "tha doesn't think aw'm baan to stop here for a wick, does ta?" "Good-bye," he sed, an' after shakkin' hands he beng'd th' door to an' off he went, but he worn't away aboon a minnit befoor he coom runnin' to knaw if mi ticket wor safe. "Ay, it's all reight," aw sed, "aw put it i' th' back o' mi watch." "Well, good-bye," he sed, an' shook hands wi' me ageean, an' aw thowt aw'd seen th' last on him, but aw hedn't, for he shov'd in his heead to ax if aw wor sewer aw couldn't stop another day or two. "Hah can aw," aw says, "when aw've getten mi ticket?" "Well, good-bye," an' he held aght his hand for another shak', an' aw held it fast an' sed :—

> Gi'e me thi hand mi trusty friend,
>   Mi awn is all aw hev to gi'e thee;
> Let friendship simmer on to th' end—
>   God bless thee, an' gooid luck be wi' thee.
>
> Aw prize thee just for what tha art,
>   Net for thi brass, thi clooas, or station;
> But just becoss aw knaw thi heart
>   Finnds honest worth a habitation.
>
> Ther's monny a coit ov glossy black
>   Worn by a chap 'at's nowt to back it,

I

> Wol monny a true kind heart may rack,
>   Lapt i' a tattered fushten jacket.
>
> Ther's monny a smilin', simp'rin' knave,
>   Wi' oppen hand will wish gooid morrow,
> 'At wodn't gi'e a meg to save
>   A luckless mate, or eease his sorrow.
>
> Praichers an' taichers seem to swarm,
>   But sad to tell, th' plain honest fact is,
> They'd rayther bid ye shun all harm,
>   Nor put ther taichin' into practice.
>
> But thee, aw read thee like a book—
>   Aw judge thee booath bi word an' action;
> An' th' moor aw knaw, an' th' moor aw look,
>   An' th' moor aw'm fill'd wi' satisfaction.
>
> Sooa once ageean, gooid bye, owd lad,
>   An' till we're spared to meet, God bless thee!
> May smilin' fortun' mak' thee glad,
>   An' may nooa ills o' life distress thee.

Th' train started, an' we wer' separated, but he kept wavin' his hand till aw wor aght o' seet. As sooin as we'd getten on to th' full swing, aw pool'd aght mi pipe an' bacca to hev a quiet smook; aw thowt aw'd save th' cigars to cut a swell wi' when aw gate hooam, an' aw oppened mi paper an' began to try to read, but somehah mi thowts wo'd fly to Mally an' th' childer, an' aw began wonderin' what sooart ov a welcome they'd hev for me, an' as aw'd all th' place to misen aw put mi legs up an' shut mi een an' fell a dreeamin' What a thing it'll be, aw thowt, if ther's a band o' mewsic to play me back hooam, an' aw shouldn't be at all capt if all th' ovverlookers coom to meet me. Happen th' maister 'll hev th' engines stopt a bit sooiner sooa as all th' hands 'll hev a chonce to come; an' then ther'll be Mally an' Hepsabah an' Ike an' awr Ezra, an' ther's sewer to be a lot o' th' naybors. Aw wonder hah aw owt to conduct misen—whether aw owt to keep makkin' mi bow wi' mi hat i' mi hand, or stick th' cigar i' mi chops an' sail on as if aw cared nowt abaat it. Aw studdied an' studdied wol mi mind gate reight upset, but a couple o' sandwitches an' a little curran' cake, wesht daan wi' a drop o' brandy, settled it ageean. In a bit, th' train stopt, an' some fowk gate in, an' aw expected it 'ud be a trifle livelier, but they all seem'd to hev enuff to think abaat, an' aw couldn't get a chonce to edge a word in, an' aw wor ommost fit to brust to let 'em knaw who aw wor an' wheear aw'd been. At last one on 'em gate up to shut th' winda, sooa aw sed, "Th' wind's cooiler here nor i' Lundun."

He luk'd at me an' sed, "Been to London?"

"Aw'm just comin' back," aw sed.

"I wonder they'd let you come back; it is evident you never went to the Zoological Gardens."

"Nooa, aw nivver went theear; but may aw ax if yo've ivver been to Lundun?"

"Born there."

"Oh, then ye might knaw a chap called Smith?"

"Yes, I know Smith and Jones and Brown and Robinson."

"Why, aw knaw nobody but Smith an' his wife; they're varry respectable fowk, an' he squints."

"Oh!" he sed; an' pool'd aght a paper an' nivver spake another word. At last we gate to Doncaster, an' then aw began feelin' like bein' at hooam, an' aw shut mi een an' tried to fancy hah a prucesshun wo'd luk, wi a band o' music gooin furst, an' me th' next wi' Mally o' one side an' Hepsabah o' th' other, an' awr Ike an' Ezra behinnd, an' all th' other fowk walkin' two-an'-two.

Th' longest journey must come to an end some day, an' at last th' train rushed into th' Bradford Station, an' aw gate mi cigar ready; but aw didn't leet it for fear they might want me to give a speech. Aw'm nooan a waik chap, an' it isn't a little 'at upsets me, but aw must say 'at mi heart wor beeatin' in a strange way when aw shov'd mi heead aght to see who wer' waitin for me; but aw didn't see onnybody, sooa aw went to luk after mi box, for aw thowt they'd happen be waitin' aghtside. It wor evident ther' wor nooa mewsic, or else they didn't knaw aw wor theear, for aw kept lissenin' for "See the conquering hero comes," but it nivver came. Aw'd just getten mi box on to th' platform when a little lad baght cap coom up to me an' says, "Sammy, yaar Mally's sent me daan to meet thee, an' aw've browt owd Bazendell's hand-cart for thee to tak' thi box on, for shoo sed tha'd nooan want to pay onnybody for huggin' it."

Aw wor sooa mad, wol aw believe if that lad hed been one o' mi awn aws't ha' riven th' hair off his heead. Aw wor in a gooid mind to buy a ticket an' gooa back, but aw altered mi mind an' seized hold o' one side o' th' box, an' a poorter tuk hold o' th' other an' we put it on th' hand-cart. Aw put mi cigar back into mi pocket, an' as aw gate into th' shafts aw couldn't help thinkin' it wor th' same wi' a traveller as it is wi' a prophet, he's net mich honour in his awn country.

It wor a varry diff'rent prucesshun when we started —me i' th' front, an' th' box i' th' middle, an' th' little lad thrustin' behinnd—throo bi what aw'd expected, tho' we'd plenty o' mewsic, for aw dooan't think th' wheels had been greeased sin' they wer' made, an' as aw kept tuggin' wi' mi looad aw ax'd misen whether or net aw'd ivver been away at all, for whativver nooashuns mi trip hed put into me, mi welcome hooam hed driven 'em aght, an' bi th' time aw'd getten to mi awn door aw felt a deeal moor like th' Sammy Grimes 'at left it ten days sin' nor th' Mister Grimes 'at left Lundun at nooin.

When aw gate in, Mally says, "Sooa tha's fun thi way back hes ta?" an' th' childer cluthered raand me to see what aw'd browt 'em.

"Aw thowt some on ye wo'd ha' come to meet me."

"What mud we come to meet thee for—tha hesn't forgetten th' way to thi awn haase, hes ta? Aw hooap tha hesn't lost thi silk kertchy."

Aw pool'd it aght o' mi pocket an' gav' it her, an' shoo seem'd a deeal better pleeased wi' it nor shoo did wi' me. "Here Hepsabah, tak' this an' get it weshed, it's time he browt it back, for it's mucky enuff," shoo sed.

After a cup o' teah, aw drew up to th' fire an' lit mi cigar an' began puffin' away, net feelin' i' th' best o' tempers, an' th' childer kept laffin' at summat, an' Mally axin' 'em what they saw to giggle at, till shoo turned raand an' saw me.

"Nay, Sammy," shoo sed, "for gooidness sake put that thing aght o' thi maath. Aw think it 'ud seem thee better if tha'd gooa up to th' chaymer, an' put thi warkin' clooas on, asteead o' sittin' i' th' front o' th' fire takkin' th' colour aght on 'em; an' when tha's getten 'em on aw want thee to tak' this basket o' clooas to th' mengle for me, for th' childer's all summat else to do; an' Dooad, 'at lives i' th' corner haase, wants to knaw if tha'll help him to cleean his hen-hoil aght to-neet, sooa tha'd better be stirrin', for tha'll ha' to gooa to thi wark i' th' mornin'."

Aw nivver sed a word, but aw went up stairs as quiet as a lamb, an' did as aw'd been tell'd. When aw gate to th' mengle, a little lass 'at wor in th' haase ax'd, "A'a, Grimes, hes ta getten back?" An' aw sed, "Ay, aw've just getten hooam."

"Hes ta been off?" sed th' owd woman

"Aw've been to Lundun for ten days," aw sed.

"Nay-fer-sewer! Why, we'd nivver missed thee, but when aw coom to think on it, it hes been varry quiet latly. Ha's yaar Mally? Tewin' ameng it th' same as me, aw reckon? Ther's nooa gooin' to Lundun for sich as us. It's rare to be some fowk, that's all aw've to say."

Aw sed nowt nooa moor, but went to Dooad's.

"Tha's just coom i' time," he sed. "Aw want thee to len' me a hand. Ha's ta getten on?"

"Furst rate," aw sed, an' as he wor th' furst 'at hed ax'd me aw started o' tellin' him; but he sed, "Ne'er heed, tha can tell me all abaat it some time else; let's get th' hen-hoil cleean'd."

If ivver aw felt humble i' mi life it wor wol aw wor helpin' to cleean that hen-hoil, an' aw believe ther' wor some truth i' what Mistress Smith sed, 'at if aw'd stopt a bit longer aw should ha' been a "regular aristocrat." When we'd finished aw went hooam an' skulkt up stairs to bed withaat onny supper, an' aw dooan't remember owt else wol awr Mally kept proddin' me i' th' ribs to wakken up.

"Does ta ivver meean to do onny moor wark, or net?" shoo sed, "'coss if tha'll nobbut tell me tha's to laik for th' rest o' thi life aws't knaw what to do, an' aw'll don a shawl o' mi heead an' gooa misen."

Aw wor sooin up an' off, an' bi braikfast-time Lundun seemed just as far off to me as it ivver did, an' if it hedn't been for writin' theeas letters to ye to let ye knaw hah aw'd gooan on, aw should be inclined to believe it all a dreeam.

My advice to onnybody 'at thinks o' gooin' is to expect as mich as ye like when ye start off, an' it's net likely yo'll be disappointed; but dooan't expect to be onny moor thowt on when ye coom back; if ye do, it's varry likely ye will.

Blessed is he 'at expects nowt, for he's varry likely to get it.

W. NICHOLSON AND SONS, PRINTERS, WAKEFIELD.

www.ingramcontent.com/pod-product-compliance
Lightning Source LLC
Chambersburg PA
CBHW020101170426
43199CB00009B/362